Ein Hungerkünstler und andere Erzählungen

A Hunger Artist and Other Stories

[Bilingual Edition]

German – English

by Franz Kafka

Translated by Möwenstein

Contents

Von den Gleichnissen
Of the Parables

1.1 Viele beklagen sich, daß die Worte der Weisen immer wieder nur Gleichnisse seien, aber unverwendbar im täglichen Leben, und nur dieses allein haben wir.

Many complain that the words of the wise are always only parables, but unusable in daily life, and this alone we have.

1.2 Wenn der Weise sagt:

When the wise man says:

1.3 »Gehe hinüber«, so meint er nicht, daß man auf die andere Seite hinübergehen solle, was man immerhin noch leisten könnte, wenn das Ergebnis des Weges wert wäre, sondern er meint irgendein sagenhaftes Drüben, etwas, das wir nicht kennen, das auch von ihm nicht näher zu bezeichnen ist und das uns also hier gar nichts helfen kann.

"Cross over", he does not mean that we should cross over to the other side, which we could still do if the result were worth the journey, but he means some legendary over there, something we do not know, which he cannot describe in detail and which therefore cannot help us here.

Alle diese Gleichnisse wollen eigentlich nur sagen, 1.4
daß das Unfaßbare unfaßbar ist, und das haben wir
gewußt.
All these parables really only want to say that the
incomprehensible is incomprehensible, and we knew
that.

Aber das, womit wir uns jeden Tag abmühen, sind 1.5
andere Dinge.
But what we struggle with every day are other things.

Darauf sagte einer: »Warum wehrt ihr euch? 2.1
Then one of them said: "Why are you resisting?

Würdet ihr den Gleichnissen folgen, 2.2
If you had followed the parables,

dann wäret ihr selbst Gleichnisse geworden und 2.3
damit schon der täglichen Mühe frei.«
you would have become parables yourselves and thus
already be free of the daily hassle."

Ein anderer sagte, 3.1
Another said,

»Ich wette, daß auch das ein Gleichnis ist.« 3.2
"I bet that's a parable too."

Der erste sagte: »Du hast gewonnen.« 4.1
The first one said, "You win."

Der zweite sagte: »Aber leider nur im Gleichnis.« 5.1
The second said: "But unfortunately only in parable."

6.1 Der erste sagte: »Nein, in Wirklichkeit;
The first said, "No, in reality;

6.2 im Gleichnis hast du verloren.«
in parable you have lost."

Der Jäger Gracchus

The Hunter Gracchus

1.1 Zwei Knaben saßen auf der Quaimauer und spielten Würfel.

Two boys were sitting on the Quai wall playing dice.

1.2 Ein Mann las eine Zeitung auf den Stufen eines Denkmals im Schatten des säbelschwingenden Helden.

A man was reading a newspaper on the steps of a monument in the shadow of the sabre-wielding hero.

1.3 Ein Mädchen am Brunnen füllte Wasser in ihre Bütte.

A girl at the fountain was filling water into her tub.

1.4 Ein Obstverkäufer lag neben seiner Ware und blickte auf den See hinaus.

A fruit seller lay beside his wares and gazed out over the lake.

1.5 In der Tiefe einer Kneipe sah man durch die leeren Tür - und Fensterlöcher zwei Männer beim Wein.

In the depths of a pub, two men could be seen drinking wine through the empty door and window holes.

Der Wirt saß vorn an einem Tisch und schlummerte. 1.6
The landlord sat at a table at the front, slumbering.

Eine Barke schwebte leise, als werde sie über dem 1.7
Wasser getragen, in den kleinen Hafen.
A barge floated quietly into the small harbor, as if it were
being carried over the water.

Ein Mann in blauem Kittel stieg ans Land und zog die 1.8
Seile durch die Ringe.
A man in a blue smock stepped ashore and pulled the ropes
through the rings.

Zwei andere Männer in dunklen Röcken mit 1.9
Silberknöpfen trugen hinter dem Bootsmann
eine Bahre, auf der unter einem großen
blumengemusterten, gefransten Seidentuch offenbar
ein Mensch lag.
Two other men in dark skirts with silver buttons carried
a stretcher behind the boatswain, on which a person was
apparently lying under a large floral-patterned, fringed silk
cloth.

Auf dem Quai kümmerte sich niemand um die 2.1
Ankömmlinge, selbst als sie die Bahre niederstellten,
um auf den Bootsführer zu warten, der noch
an den Seilen arbeitete, trat niemand heran,
niemand richtete eine Frage an sie, niemand sah
sie genauer an.
No one on the quay paid any attention to the new arrivals,
even when they put the stretcher down to wait for the
boatman, who was still working on the ropes, no one
approached, no one asked them any questions, no one
looked at them closely.

3.1 Der Führer wurde noch ein wenig aufgehalten durch eine Frau, die, ein Kind an der Brust, mit aufgelösten Haaren sich jetzt auf Deck zeigte.

The guide was delayed a little by a woman who, with a child at her breast, was now showing herself on deck with her hair all mussed up.

3.2 Dann kam er, wies auf ein gelbliches, zweistöckiges Haus, das sich links nahe beim Wasser geradlinig erhob, die Träger nahmen die Last auf und trugen sie durch das niedrige, aber von schlanken Säulen gebildete Tor.

Then he came and pointed to a yellowish, two-storey house that rose straight up on the left near the water; the porters picked up the load and carried it through the low gate, which was formed by slender pillars.

3.3 Ein kleiner Junge öffnete ein Fenster, bemerkte noch gerade, wie der Trupp im Haus verschwand, und schloß wieder eilig das Fenster.

A small boy opened a window, just noticed the troop disappearing into the house, and hurriedly closed the window again.

3.4 Auch das Tor wurde nun geschlossen, es war aus schwarzem Eichenholz sorgfältig gefügt.

The gate, too, was now closed; it was carefully made of black oak.

3.5 Ein Taubenschwarm, der bisher den Glockenturm umflogen hatte, ließ sich jetzt vor dem Hause nieder.

A flock of pigeons, which had been flying around the bell tower, now settled in front of the house.

3.6 Als werde im Hause ihre Nahrung aufbewahrt,

As if their food was being stored inside,

sammelten sich die Tauben vor dem Tor.   3.7

the pigeons gathered in front of the gate.

Eine flog bis zum ersten Stock auf und pickte an die   3.8
Fensterscheibe.

One flew up to the second floor and pecked at the window pane.

Es waren hellfarbige wohlgepflegte, lebhafte Tiere.   3.9

They were brightly colored, well-groomed, lively animals.

In großem Schwung warf ihnen die Frau aus der   3.10
Barke Körner hin,

The woman threw them grains from the barque with a great flourish,

die sammelten sie auf und flogen dann zu der Frau   3.11
hinüber.

they picked them up and then flew over to the woman.

Ein Mann im Zylinderhut mit Trauerband kam eines   4.1
der schmalen, stark abfallenden Gäßchen, die zum
Hafen führten, herab.

A man in a top hat with a mourning band came down one of the narrow, steeply sloping alleyways leading to the harbor.

Er blickte aufmerksam umher, alles bekümmerte ihn,   4.2
der Anblick von Unrat in einem Winkel ließ ihn das
Gesicht verzerren.

He looked around attentively, everything troubled him, the sight of garbage in one corner made his face contort.

Auf den Stufen des Denkmals lagen Obstschalen, er   4.3
schob sie im Vorbeigehen mit seinem Stock hinunter.

There were bowls of fruit on the steps of the monument; he pushed them down with his stick as he passed.

4.4 An der Stubentür klopfte er an, gleichzeitig nahm er den Zylinderhut in seine schwarzbehandschuhte Rechte.

He knocked at the parlor door and at the same time took the top hat in his black-gloved hand.

4.5 Gleich wurde geöffnet,

Immediately the door opened,

4.6 wohl fünfzig kleine Knaben bildeten ein Spalier im langen Flurgang und verbeugten sich.

probably fifty little boys formed a trellis in the long corridor and bowed.

5.1 Der Bootsführer kam die Treppe herab, begrüßte den Herrn, führte ihn hinauf, im ersten Stockwerk umging er mit ihm den von leicht gebauten, zierlichen Loggien umgebenen Hof und beide traten, während die Knaben in respektvoller Entfernung nachdrängten, in einen kühlen, großen Raum an der Hinterseite des Hauses, dem gegenüber kein Haus mehr, sondern nur eine kahle, grauschwarze Felsenwand zu sehen war.

The boatman came down the stairs, greeted the gentleman, led him up, and on the second floor went with him round the courtyard surrounded by lightly built, graceful loggias, and both entered, while the boys followed at a respectful distance, into a cool, large room at the back of the house, opposite which there was no longer a house to be seen, but only a bare, gray-black rock wall.

Die Träger waren damit beschäftigt, zu Häupten   5.2
der Bahre einige lange Kerzen aufzustellen und
anzuzünden, aber Licht entstand dadurch nicht, es
wurden förmlich nur die früher ruhenden Schatten
aufgescheucht und flackerten über die Wände.

The bearers were busy setting up and lighting some long
candles at the head of the stretcher, but this did not
produce any light, only the shadows that had been resting
earlier were literally flickered across the walls.

Von der Bahre war das Tuch zurückgeschlagen.   5.3

The sheet was folded back from the bier.

Es lag dort ein Mann mit wild   5.4
durcheinandergewachsenem Haar und Bart,
gebräunter Haut, etwa einem Jäger gleichend.

There lay a man with wildly disheveled hair and beard,
tanned skin, resembling a hunter.

Er lag bewegungslos, scheinbar atemlos mit   5.5
geschlossenen Augen da, trotzdem deutete nur die
Umgebung an, daß es vielleicht ein Toter war.

He lay motionless, seemingly breathless with his eyes
closed, yet only the surroundings suggested that it was
perhaps a dead man.

Der Herr trat zur Bahre, legte eine Hand dem   6.1
Daliegenden auf die Stirn, kniete dann nieder und
betete.

The Lord stepped up to the stretcher, placed a hand on
the forehead of the man lying there, then knelt down and
prayed.

6.2 **Der Bootsführer winkte den Trägern, das Zimmer zu verlassen, sie gingen hinaus, vertrieben die Knaben, die sich draußen angesammelt hatten, und schlossen die Tür.**

The boatman beckoned the porters to leave the room, they went out, drove away the boys who had gathered outside and closed the door.

6.3 **Dem Herrn schien aber auch diese Stille noch nicht zu genügen, er sah den Bootsführer an, dieser verstand und ging durch eine Seitentür ins Nebenzimmer.**

But even this silence did not seem to be enough for the Lord, he looked at the boatman, who understood and went through a side door into the next room.

6.4 **Sofort schlug der Mann auf der Bahre die Augen auf,**

The man on the stretcher immediately opened his eyes,

6.5 **wandte schmerzlich lächelnd das Gesicht dem Herrn zu und sagte:**

turned his face towards the gentleman with a painful smile and said:

6.6 **»Wer bist du?«**

"Who are you?"

6.7 **– Der Herr erhob sich ohne weiteres Staunen aus seiner knienden Stellung und antwortete:**

– The gentleman rose from his kneeling position without further astonishment and replied:

6.8 **»Der Bürgermeister von Riva.«**

"The mayor of Riva."

Der Mann auf der Bahre nickte, zeigte mit schwach ausgestrecktem Arm auf einen Sessel und sagte, nachdem der Bürgermeister seiner Einladung gefolgt war: 7.1
The man on the stretcher nodded, pointed to an armchair with a weakly outstretched arm and said, after the mayor had accepted his invitation:

»Ich wußte es ja, Herr Bürgermeister, aber im ersten Augenblick habe ich immer alles vergessen, alles geht mir in der Runde und es ist besser, ich frage, auch wenn ich alles weiß. 7.2
"I knew it, Mr. Mayor, but at first I always forgot everything, everything goes round and round and it's better I ask, even if I know everything.

Auch Sie wissen wahrscheinlich, daß ich der Jäger Gracchus bin.« 7.3
You probably also know that I am the hunter Gracchus."

»Gewiß«, sagte der Bürgermeister. 8.1
"Certainly", said the mayor.

»Sie wurden mir heute in der Nacht angekündigt. 8.2
"They were announced to me tonight.

Wir schliefen längst. Da rief gegen Mitternacht meine Frau: 8.3
We were asleep long ago. Around midnight my wife called out:

›Salvatore‹, – so heiße ich – 8.4
'Salvatore' – that's my name –

›sieh die Taube am Fenster!‹ Es war wirklich eine Taube, 8.5
'see the pigeon at the window!' It really was a pigeon,

8.6 aber groß wie ein Hahn. Sie flog zu meinem Ohr und sagte:

but as big as a cock. It flew to my ear and said:

8.7 ›Morgen kommt der tote Jäger Gracchus,

'Tomorrow the dead hunter Gracchus is coming,

8.8 empfange ihn im Namen der Stadt. ‹«

receive him in the name of the city'."

9.1 Der Jäger nickte und zog die Zungenspitze zwischen den Lippen durch:

The hunter nodded and pulled the tip of his tongue between his lips:

9.2 »Ja, die Tauben fliegen vor mir her.

"Yes, the pigeons fly before me.

9.3 Glauben Sie aber, Herr Bürgermeister, daß ich in Riva bleiben soll?«

But do you think, Mr. Mayor, that I should stay in Riva?"

10.1 »Das kann ich noch nicht sagen«, antwortete der Bürgermeister.

"I can't say yet", the mayor replied.

10.2 »Sind Sie tot?«

"Are you dead?"

11.1 »Ja«, sagte der Jäger, »wie Sie sehen.

"Yes", said the hunter, "as you can see.

11.2 – Vor vielen Jahren, es müssen aber ungemein viel Jahre sein, stürzte ich im Schwarzwald –

– Many years ago, but it must be an awful lot of years, I fell off a rock in the Black Forest –

13

das ist in Deutschland –   11.3
that's in Germany –

von einem Felsen, als ich eine Gemse verfolgte.   11.4
when I was chasing a chamois.

Seitdem bin ich tot.«   11.5
I've been dead ever since."

»Aber Sie leben doch auch«, sagte der Bürgermeister.   12.1
"But you're alive too", said the mayor.

»Gewissermaßen«, sagte der Jäger, »gewissermaßen   13.1
lebe ich auch.
"In a way", said the hunter, "in a way I'm alive too.

Mein Todeskahn verfehlte die Fahrt, eine   13.2
falsche Drehung des Steuers, ein Augenblick der
Unaufmerksamkeit des Führers, eine Ablenkung
durch meine wunderschöne Heimat, ich weiß nicht,
was es war, nur das weiß ich, daß ich auf der Erde
blieb und daß mein Kahn seither die irdischen
Gewässer befährt.
My barge of death missed its course, a wrong turn of the
helm, a moment of inattention on the part of the guide, a
distraction by my beautiful homeland, I don't know what it
was, only this I know, that I remained on earth and that my
barge has been sailing the earthly waters ever since.

So reise ich, der nur in seinen Bergen leben wollte,   13.3
nach meinem Tode durch alle Länder der Erde.«
So I, who only wanted to live in his mountains, travel
through all the countries of the earth after my death."

»Und Sie haben keinen Teil am Jenseits?«   14.1
"And you have no part in the afterlife?"

14

14.2 fragte der Bürgermeister mit gerunzelter Stirne.
asked the mayor with a furrowed brow.

15.1 »Ich bin«, antwortete der Jäger,
"I am", replied the hunter,

15.2 »immer auf der großen Treppe, die hinaufführt.
"always on the great staircase that leads up.

15.3 Auf dieser unendlich weiten Freitreppe treibe ich
mich herum, bald oben, bald unten, bald rechts, bald
links, immer in Bewegung.
I'm always moving around on this infinitely wide staircase,
sometimes up, sometimes down, sometimes right,
sometimes left.

15.4 Aus dem Jäger ist ein Schmetterling geworden.
The hunter has become a butterfly.

15.5 Lachen Sie nicht.«
Don't laugh."

16.1 »Ich lache nicht«, verwahrte sich der Bürgermeister.
"I'm not laughing", the mayor defended himself.

17.1 »Sehr einsichtig«, sagte der Jäger.
"Very insightful", said the hunter.

17.2 »Immer bin ich in Bewegung.
"I'm always on the move.

Nehme ich aber den größten Aufschwung und
leuchtet mir schon oben das Tor, erwache ich auf
meinem alten, in irgendeinem irdischen Gewässer
öde steckenden Kahn.

17.3

But when I take the biggest upswing and the gate lights up
for me at the top, I wake up on my old boat, stuck in some
earthly water.

Der Grundfehler meines einstmaligen Sterbens
umgrinst mich in meiner Kajüte.

17.4

The basic mistake of my former death grins at me in my
cabin.

Julia, die Frau des Bootsführers, klopft und bringt
mir zu meiner Bahre das Morgengetränk des Landes,
dessen Küste wir gerade befahren, Ich liege auf einer
Holzpritsche, habe –

17.5

Julia, the boatman's wife, knocks and brings me to my
bier the morning drink of the country whose coast we are
sailing along, I am lying on a wooden plank bed, wearing –

es ist kein Vergnügen, mich zu betrachten –

17.6

it is no pleasure to look at me –

ein schmutziges Totenhemd an, Haar und Bart, grau
und schwarz, geht unentwirrbar durcheinander,
meine Beine sind mit einem großen, seidenen,
blumengemusterten, langgefransten Frauentuch
bedeckt.

17.7

a dirty shroud, my hair and beard, gray and black, are
inextricably tangled, my legs are covered with a large,
silken, flower-patterned, long-fringed woman's shawl.

Zu meinen Häupten steht eine Kirchenkerze und
leuchtet mir.

17.8

A church candle stands at my head and lights me up.

17.9 An der Wand mir gegenüber ist ein kleines Bild, ein Buschmann offenbar, der mit einem Speer nach mir zielt und hinter einem großartig bemalten Schild sich möglichst deckt.

On the wall opposite me is a small picture, apparently of a bushman pointing a spear at me and covering himself as much as possible behind a magnificently painted shield.

17.10 Man begegnet auf Schiffen manchen dummen Darstellungen,

You come across some stupid images on ships,

17.11 diese ist aber eine der dümmsten.

but this is one of the stupidest.

17.12 Sonst ist mein Holzkäfig ganz leer.

Otherwise my wooden cage is completely empty.

17.13 Durch eine Luke der Seitenwand kommt die warme Luft der südlichen Nacht,

The warm air of the southern night comes through a hatch in the side wall,

17.14 und ich höre das Wasser an die alte Barke schlagen.

and I can hear the water lapping against the old barque.

18.1 Hier liege ich seit damals, als ich, noch lebendiger Jäger Gracchus, zu Hause im Schwarzwald eine Gemse verfolgte und abstürzte.

I have been lying here ever since I, Gracchus, still a living hunter, chased a chamois at home in the Black Forest and crashed.

18.2 Alles ging der Ordnung nach.

Everything went according to order.

Ich verfolgte, stürzte ab, verblutete in einer Schlucht, 18.3
war tot und diese Barke sollte mich ins Jenseits
tragen.
I gave chase, crashed, bled to death in a ravine, was dead
and this barge was supposed to carry me into the afterlife.

Ich erinnere mich noch, wie fröhlich ich mich hier 18.4
auf der Pritsche ausstreckte zum erstenmal.
I still remember how happily I stretched out on the cot for
the first time.

Niemals haben die Berge solchen Gesang von mir 18.5
gehört wie diese vier damals noch dämmerigen
Wände.
The mountains have never heard such singing from me as
these four walls, which were still dim at the time.

Ich hatte gern gelebt und war gern gestorben, 19.1
glücklich warf ich, ehe ich den Bord betrat,
das Lumpenpack der Büchse, der Tasche, des
Jagdgewehrs vor mir hinunter, das ich immer stolz
getragen hatte, und in das Totenhemd schlüpfte ich
wie ein Mädchen ins Hochzeitskleid.
I had loved living and loved dying, and before entering the
ship, I happily threw down the rags of the rifle, the bag and
the hunting rifle that I had always proudly carried, and I
slipped into the shroud like a girl into a wedding dress.

Hier lag ich und wartete. Dann geschah das 19.2
Unglück.«
Here I lay and waited. Then the disaster happened."

»Ein schlimmes Schicksal«, 20.1
"A bad fate",

20.2 sagte der Bürgermeister mit abwehrend erhobener Hand.

said the mayor with a defensively raised hand.

20.3 »Und Sie tragen gar keine Schuld daran?«

"And you're not to blame for it?"

21.1 »Keine«, sagte der Jäger, »ich war Jäger,

"None", said the hunter, "I was a hunter,

21.2 ist das etwa eine Schuld?

is that a fault?

21.3 Aufgestellt war ich als Jäger im Schwarzwald,

I was a hunter in the Black Forest,

21.4 wo es damals noch Wölfe gab.

where there were still wolves back then.

21.5 Ich lauerte auf, schoß, traf, zog das Fell ab, ist das eine Schuld?

I ambushed, shot, hit, skinned, is that a guilt?

21.6 Meine Arbeit wurde gesegnet.

My work was blessed.

21.7 ›Der große Jäger vom Schwarzwald‹ hieß ich.

'The great hunter of the Black Forest' was my name.

21.8 Ist das eine Schuld?«

Is that a guilt?"

22.1 »Ich bin nicht berufen, das zu entscheiden«, sagte der Bürgermeister,

"I'm not called upon to decide that", said the mayor,

19

»doch scheint auch mir keine Schuld darin zu liegen.   22.2
"but it doesn't seem to be my fault either.

Aber wer trägt denn die Schuld?«   22.3
But who is to blame?"

»Der Bootsmann«, sagte der Jäger.   23.1
"The boatswain", said the hunter.

»Niemand wird lesen, was ich hier schreibe, niemand   23.2
wird kommen, mir zu helfen;
"No one will read what I write here, no one will come to
help me;

wäre als Aufgabe gesetzt mir zu helfen, so blieben   23.3
alle Türen aller Häuser geschlossen, alle Fenster
geschlossen, alle liegen in den Betten, die Decken
über den Kopf geschlagen, eine nächtliche Herberge
die ganze Erde.
if the task were to help me, all the doors of all the houses
would remain closed, all the windows shut, everyone
would lie in their beds with the blankets pulled over their
heads, the whole earth would be a nocturnal shelter.

Das hat guten Sinn, denn niemand weiß von mir, und   23.4
wüßte er von mir, so wüßte er meinen Aufenthalt
nicht, und wüßte er meinen Aufenthalt, so wüßte er
mich dort nicht festzuhalten, so wüßte er nicht, wie
mir zu helfen.
There is good sense in this, for no one knows of me, and if
he knew of me he would not know of my whereabouts, and
if he knew of my whereabouts he would not know how to
keep me there, he would not know how to help me.

23.5 Der Gedanke, mir helfen zu wollen, ist eine
Krankheit und muß im Bett geheilt werden.
The thought of wanting to help me is a disease and must be
cured in bed.

24.1 Das weiß ich und schreie also nicht, um Hilfe
herbeizurufen, selbst wenn ich in Augenblicken –
unbeherrscht wie ich bin, zum Beispiel gerade jetzt –
sehr stark daran denke.
I know that and so I don't shout to summon help, even if I
think about it very strongly at times - unrestrained as I am,
for example right now.

24.2 Aber es genügt wohl zum Austreiben solcher
Gedanken, wenn ich umherblicke und mir
vergegenwärtige, wo ich bin und –
But it is probably enough to drive such thoughts away if I
look around and realize where I am and –

24.3 das darf ich wohl behaupten – seit Jahrhunderten
wohne.«
I may say – where I have lived for centuries."

25.1 »Außerordentlich«, sagte der Bürgermeister,
»außerordentlich.
"Extraordinary", said the mayor, "extraordinary.

25.2 – Und nun gedenken Sie bei uns in Riva zu bleiben?«
– And now you intend to stay with us in Riva?"

26.1 »Ich gedenke nicht«, sagte der Jäger lächelnd und
legte, um den Spott gutzumachen, die Hand auf das
Knie des Bürgermeisters.
"I don't think so", said the hunter with a smile and, to
make up for the mockery, put his hand on the mayor's
knee.

»Ich bin hier, mehr weiß ich nicht, mehr kann ich   26.2
nicht tun.
"I'm here, that's all I know, that's all I can do.

Mein Kahn ist ohne Steuer, er fährt mit dem Wind,   26.3
der in den untersten Regionen des Todes bläst.«
My barge is rudderless, it sails with the wind that blows in
the lowest regions of death."

Hochzeitsvorbereitungen auf dem Lande

Wedding Preparations in the
Countryside

I

1.1 **Als Eduard Raban, durch den Flurgang kommend, in die Öffnung des Tores trat, sah er, daß es regnete.**
When Eduard Raban, coming through the corridor, stepped into the opening of the gate, he saw that it was raining.

1.2 **Es regnete wenig.**
It was raining very little.

1.3 **Auf dem Trottoir gleich vor ihm gab es viele Menschen in verschiedenartigem Schritt.**
On the sidewalk just in front of him there were many people walking at different paces.

1.4 **Manchmal trat einer vor und durchquerte die Fahrbahn.**
Sometimes one stepped forward and crossed the pavement.

1.5 **Ein kleines Mädchen hielt in den vorgestreckten Händen ein müdes Hündchen.**
A little girl held a tired puppy in her outstretched hands.

1.6 **Zwei Herren machten einander Mitteilungen.**
Two gentlemen were communicating with each other.

Der eine hielt die Hände mit der innern Fläche nach
oben und bewegte sie gleichmäßig, als halte er eine
Last in Schwebe.   1.7
One of them held his hands with the inner surface facing
upwards and moved them evenly as if he were holding a
load in suspension.

Da erblickte man eine Dame, deren Hut viel beladen
war mit Bändern, Spangen und Blumen.   1.8
Then they saw a lady whose hat was heavily laden with
ribbons, clasps and flowers.

Und es eilte ein junger Mensch mit dünnem Stock   1.9
vorüber, die linke Hand, als wäre sie gelähmt, platt
auf der Brust.
And a young man with a thin stick hurried past, his left
hand flat on his chest as if it were paralyzed.

Ab und zu kamen Männer, welche rauchten und   1.10
kleine aufrechte längliche Wolken vor sich her
trugen.
From time to time men came along, smoking and carrying
small, upright, elongated clouds in front of them.

Drei Herren –   1.11
Three gentlemen –

zwei hielten leichte Überröcke auf dem geknickten   1.12
Unterarm –
two holding light overcoats on their bent forearms –

1.13 gingen oft von der Häusermauer zum Rande des Trottoirs vor, betrachteten das, was sich dort ereignete, und zogen dann sprechend sich wieder zurück.

often walked from the wall of the house to the edge of the sidewalk, looked at what was happening there and then retreated again, talking.

1.14 Durch die Lücken zwischen den Vorübergehenden sah man die regelmäßig gefugten Steine der Fahrbahn.

Through the gaps between the passers-by, one could see the regularly jointed stones of the pavement.

1.15 Da wurden Wagen auf zarten hohen Rädern von Pferden mit gestreckten Hälsen gezogen.

There were carts on delicate high wheels being pulled by horses with stretched necks.

1.16 Die Leute, welche auf den gepolsterten Sitzen lehnten, sahen schweigend die Fußgänger an, die Läden, die Balkone und den Himmel.

The people leaning on the upholstered seats looked silently at the pedestrians, the stores, the balconies and the sky.

1.17 Sollte ein Wagen einem andern vorfahren,

If one carriage drove ahead of another,

1.18 dann preßten sich die Pferde aneinander und das Riemenzeug hing baumelnd.

the horses pressed against each other and the harness hung dangling.

Die Tiere rissen an der Deichsel, der Wagen rollte, eilig schaukelnd, bis der Bogen um den vordern Wagen vollendet war und die Pferde wieder auseinander traten, nur die schmalen ruhigen Köpfe einander zugeneigt.

1.19

The animals pulled at the drawbar, the carriage rolled, rocking hastily, until the curve around the carriage in front was complete and the horses stepped apart again, only their narrow, calm heads turned towards each other.

Einige Leute kamen rasch auf das Haustor zu, auf dem trockenen Mosaik blieben sie stehn, wandten sich langsam um und schauten in den Regen, der eingezwängt in diese enge Gasse verworren fiel.

2.1

Some people came quickly towards the front gate, stopped on the dry mosaic, turned slowly and looked into the rain, which fell in a tangled mess in this narrow alley.

Raban fühlte sich müde.

3.1

Raban felt tired.

Seine Lippen waren blaß wie das ausgebleichte Rot seiner dicken Krawatte,

3.2

His lips were as pale as the faded red of his thick tie,

die ein maurisches Muster zeigte.

3.3

which showed a Moorish pattern.

Die Dame bei dem Türstein drüben, die bis jetzt ihre Schuhe angesehn hatte, die unter dem enggehaltenen Rock ganz sichtbar waren, sah jetzt auf ihn.

3.4

The lady by the door stone over there, who until now had been looking at her shoes, which were completely visible under her tight skirt, was now looking at him.

3.5 Sie tat es gleichgültig, und außerdem sah sie vielleicht nur auf den Regenfall vor ihm oder auf die kleinen Firmaschildchen, die über seinem Haar an der Tür befestigt waren.

She did so indifferently, and besides, perhaps she was only looking at the rainfall in front of him or at the little company badges pinned to the door above his hair.

3.6 Raban glaubte, sie schaue verwundert.

Raban thought she was looking puzzled.

3.7 ›Also‹, dachte er, ›wenn ich es ihr erzählen könnte, würde sie gar nicht staunen.

'Well,' he thought, 'if I could tell her, she wouldn't be surprised at all.

3.8 Man arbeitet so übertrieben im Amt, daß man dann sogar zu müde ist, um seine Ferien gut zu genießen.

You work so hard in office that you're even too tired to enjoy your vacation.

3.9 Aber durch alle Arbeit erlangt man noch keinen Anspruch darauf, von allen mit Liebe behandelt zu werden, vielmehr ist man allein, gänzlich fremd und nur Gegenstand der Neugierde.

But all your work does not entitle you to be treated with love by everyone; you are alone, a complete stranger and the object of curiosity.

3.10 Und solange du man sagst an Stelle von ich, ist es nichts und man kann diese Geschichte aufsagen, sobald du aber dir eingestehst, daß du selbst es bist, dann wirst du förmlich durchbohrt und bist entsetzt.‹

And as long as you say you instead of I, it's nothing and you can recite this story, but as soon as you admit to yourself that it's you, you're literally pierced and horrified.'

Er stellte den mit gewürfeltem Tuch benähten Handkoffer nieder und beugte dabei die Knie ein.

4.1

He put down the suitcase, which was sewn with diced cloth, and bent his knees.

Schon rann das Regenwasser an der Kante der Fahrbahn in Streifen, die sich zu den tiefer gelegenen Kanälen fast spannten.

4.2

The rainwater was already running down the edge of the road in streaks that almost stretched down to the canals below.

›Wenn ich aber selbst unterscheide zwischen man und ich,

5.1

"But if I myself distinguish between man and I,

wie darf ich mich dann über die andern beklagen.

5.2

how dare I complain about the others.

Sie sind wahrscheinlich nicht ungerecht, aber ich bin zu müde, um alles einzusehn.

5.3

They are probably not unjust, but I am too tired to see everything.

Ich bin sogar zu müde, um ohne Anstrengung den Weg zum Bahnhof zu gehn, der doch kurz ist.

5.4

I am even too tired to walk to the station without effort, even though it is short.

Warum bleibe ich also diese kleinen Ferien über nicht in der Stadt, um mich zu erholen?

5.5

So why don't I stay in town for these few days to rest?

Ich bin doch unvernünftig. – Die Reise wird mich krank machen,

5.6

I'm being unreasonable. The journey will make me ill,

5.7 ich weiß es wohl. Mein Zimmer wird nicht genügend bequem sein,

I know it well. My room will not be comfortable enough,

5.8 das ist auf dem Land nicht anders möglich.

that is not possible in the countryside.

5.9 Kaum sind wir auch in der ersten Hälfte des Juni,

We are also in the first half of June,

5.10 die Luft auf dem Lande ist oft noch sehr kühl.

the air in the countryside is often still very cool.

5.11 Zwar bin ich vorsichtig gekleidet, aber ich werde mich selbst Leuten anschließen müssen, die spät am Abend spazieren.

I am dressed carefully, but I will have to join people who go for a walk late in the evening.

5.12 Es sind dort Teiche, man wird entlang der Teiche spazierengehn.

There are ponds there, you will walk along the ponds.

5.13 Da werde ich mich sicher erkälten.

I'm sure I'll catch a cold.

5.14 Dagegen werde ich mich bei den Gesprächen wenig hervortun.

On the other hand, I will not distinguish myself during the talks.

Ich werde den Teich nicht mit andern Teichen in
einem entfernten Land vergleichen können, denn
ich bin nie gereist, und um vom Mond zu reden
und Seligkeit zu empfinden und schwärmend auf
Schutthaufen zu steigen, dazu bin ich doch zu alt, um
nicht ausgelacht zu werden.‹   5.15

I will not be able to compare the pond with other ponds
in a distant land, because I have never traveled, and
to talk about the moon and to feel bliss and to climb
enthusiastically on piles of rubble, I am too old not to be
laughed at."

Die Leute gingen mit etwas tief gehaltenen Köpfen   6.1
vorüber,

People walked by with their heads held a little low,

über denen sie lose die dunklen Schirme trugen.   6.2

carrying their dark umbrellas loosely over their heads.

Ein Lastwagen fuhr auch vorüber, auf dessen mit   6.3
Stroh gefüllten Kutschersitz ein Mann so nachlässig
die Beine streckte, daß ein Fuß fast die Erde berührte,
während der andere gut auf Stroh und Fetzen lag.

A lorry also drove past, on whose coachman's seat, filled
with straw, a man stretched his legs so carelessly that one
foot almost touched the ground, while the other lay well on
straw and rags.

Es sah aus, als sitze er bei schönem Wetter in einem   6.4
Felde.

It looked as if he were sitting in a field in fine weather.

Doch hielt er aufmerksam die Zügel, daß sich der   6.5
Wagen, auf dem Eisenstangen aneinanderschlugen,
gut durch das Gedränge drehte.

But he held the reins carefully, so that the cart, on which
iron bars clashed, turned well through the crowd.

6.6 Auf der Erde sah man in der Nässe den Widerschein des Eisens von Steinreihen zu Steinreihen in Windungen und langsam gleiten.

On the ground, in the wetness, one could see the reflection of the iron sliding slowly from row to row of stones.

6.7 Der kleine Junge bei der Dame gegenüber war gekleidet wie ein alter Weinbauer.

The little boy with the lady opposite was dressed like an old winegrower.

6.8 Sein faltiges Kleid machte unten einen großen Kreis und war nur, fast schon unter den Achseln, von einem Lederriemen umfaßt.

His wrinkled dress made a large circle at the bottom and was only enclosed, almost under the armpits, by a leather strap.

6.9 Seine halbkugelige Mütze reichte bis zu den Brauen und ließ von der Spitze aus eine Quaste bis zum linken Ohr hinunterhängen.

His hemispherical cap reached to his brows and had a tassel hanging down from the peak to his left ear.

6.10 Der Regen freute ihn.

The rain pleased him.

6.11 Er lief aus dem Tor und schaute mit offenen Augen zum Himmel, um mehr Regen abzufangen.

He ran out of the gate and looked up at the sky with open eyes to catch more rain.

6.12 Er sprang oft hoch, so daß das Wasser viel spritzte und Vorübergehende ihn sehr tadelten.

He often jumped up so that the water splashed a lot and passers-by rebuked him a lot.

Da rief ihn die Dame und hielt ihn fortan mit der
Hand; doch weinte er nicht.
Then the lady called him and from then on held him by the
hand, but he did not cry.

Raban erschrak da. War es nicht schon spät?
Raban was startled. Wasn't it already late?

Da er Überzieher und Rock offen trug,
As he was wearing an open overcoat and skirt,

griff er rasch nach seiner Uhr. Sie ging nicht.
he quickly reached for his watch. It wasn't working.

Verdrießlich fragte er einen Nachbarn, der ein wenig
tiefer im Flur stand, nach der Zeit.
Annoyed, he asked a neighbor standing a little further
down the hall what time it was.

Der führte ein Gespräch und noch in dem Gelächter,
das dazu gehörte, sagte er:
He was having a conversation and in the laughter that went
with it, he said:

»Bitte, vier Uhr vorüber« und wandte sich ab.
"Please, four o'clock over" and turned away.

Raban spannte schnell sein Schirmtuch auf und
nahm seinen Koffer in die Hand.
Raban quickly opened his umbrella and picked up his
suitcase.

8.2 Als er aber auf die Straße treten wollte, wurde ihm der Weg durch einige eilende Frauen versperrt, die er also noch vorüberließ.

But when he wanted to step out into the street, his path was blocked by some hurrying women, so he let them pass.

8.3 Er sah dabei auf den Hut eines kleinen Mädchens nieder, der, aus rotgefärbtem Stroh geflochten, auf dem gewellten Rande ein grünes Kränzchen trug.

He looked down at a little girl's hat, woven from red-colored straw, with a green wreath on the wavy brim.

8.4 Noch hatte er es in der Erinnerung, als er schon auf der Straße war, die ein wenig in der Richtung anstieg, in die er gehen wollte.

He still had it in his memory when he was already on the road, which rose a little in the direction he wanted to go.

8.5 Dann vergaß er es, denn er mußte sich jetzt ein wenig bemühn;

Then he forgot it, for he had to make a little effort now;

8.6 das Köfferchen war ihm nicht leicht und der Wind blies ihm ganz entgegen,

the little suitcase was not light for him and the wind was blowing against him,

8.7 machte den Rock wehen und drückte die Schirmdrähte vorne ein.

making his skirt billow and pinching the umbrella wires at the front.

9.1 Er mußte tiefer atmen;

He had to breathe more deeply;

eine Uhr auf einem nahen Platz in der Tiefe schlug 9.2
ein Viertel auf fünf, er sah unter dem Schirm die
leichten kurzen Schritte der Leute, die ihm entgegen
kamen, gebremste Wagenräder knirschten, sich
langsamer drehend, die Pferde streckten ihre dünnen
Vorderbeine, gewagt wie Gemsen im Gebirge.

a clock in a nearby square struck a quarter to five, he saw
the light short steps of people coming towards him under
the canopy, braked wagon wheels crunched, turning more
slowly, the horses stretched their thin forelegs, daring like
chamois in the mountains.

Da schien es Raban, er werde auch noch die 10.1
lange schlimme Zeit der nächsten vierzehn Tage
überstehn.

Then it seemed to Raban that he would also survive the
long bad time of the next fourteen days.

Denn es sind nur vierzehn Tage, also eine begrenzte 10.2
Zeit, und wenn auch die Ärgernisse immer größer
werden, so vermindert sich doch die Zeit, während
welcher man sie ertragen muß.

For it is only a fortnight, a limited time, and even if the
troubles become greater and greater, the time during
which one has to endure them diminishes.

Daher wächst der Mut ohne Zweifel. 10.3

Therefore courage grows without doubt.

10.4 ›Alle, die mich quälen wollen und die jetzt den ganzen Raum um mich besetzt haben, werden ganz allmählich durch den gütigen Ablauf dieser Tage zurückgedrängt, ohne daß ich ihnen auch nur im geringsten helfen müßte.

'All those who want to torment me and who have now occupied all the space around me will gradually be pushed back by the kind passing of these days, without my having to help them in the slightest.

10.5 Und ich kann, wie es sich als natürlich ergeben wird, schwach und still sein und alles mit mir ausführen lassen und doch muß alles gut werden, nur durch die verfließenden Tage.

And I can be weak and silent, as will be natural, and let everything be done with me, and yet all must be well, only through the passing days.

11.1 Und überdies kann ich es nicht machen,

And what's more,

11.2 wie ich es immer als Kind bei gefährlichen Geschäften machte?

I can't do it the way I used to do it as a child for dangerous business?

11.3 Ich brauche nicht einmal selbst aufs Land fahren,

I don't even have to go to the country myself,

11.4 das ist nicht nötig. Ich schicke meinen angekleideten Körper.

that's not necessary. I send my clothed body.

11.5 Wankt er zur Tür meines Zimmers hinaus, so zeigt das Wanken nicht Furcht, sondern seine Nichtigkeit.

If it staggers out of the door of my room, the staggering does not show fear, but its nothingness.

Es ist auch nicht Aufregung, wenn er über die Treppe stolpert, wenn er schluchzend aufs Land fährt und weinend dort sein Nachtmahl ißt.

11.6

Nor is it excitement when he stumbles down the stairs, when he drives to the country sobbing and eats his supper there in tears.

Denn ich, ich liege inzwischen in meinem Bett, glatt zugedeckt mit gelbbrauner Decke, ausgesetzt der Luft, die durch das wenig geöffnete Zimmer weht.

11.7

For I, meanwhile, am lying in my bed, smoothly covered with a tawny blanket, exposed to the air that blows through the little-opened room.

Die Wagen und Leute auf der Gasse fahren und gehen zögernd auf blankem Boden,

11.8

The carriages and people in the lane drive and walk hesitantly on bare ground,

denn ich träume noch.

11.9

for I am still dreaming.

Kutscher und Spaziergänger sind schüchtern und jeden Schritt, den sie vorwärts wollen, erbitten sie von mir, indem sie mich ansehn.

11.10

The coachmen and walkers are shy and every step they want to take forward, they ask me to do so by looking at me.

Ich ermuntere sie, sie finden kein Hindernis.

11.11

I encourage them, they find no obstacle.

Ich habe, wie ich im Bett liege, die Gestalt eines großen Käfers, eines Hirschkäfers oder eines Maikäfers, glaube ich.‹

11.12

As I lie in bed, I have the shape of a large beetle, a stag beetle or a cockchafer, I think.'

12.1 Vor einer Auslage, in der hinter einer nassen gläsernen Scheibe auf Stäbchen kleine Herrenhüte hingen, blieb er stehn und schaute, die Lippen gespitzt, in sie.

He stopped in front of a display in which small men's hats were hanging on sticks behind a wet glass pane and looked at them, pursing his lips.

12.2 ›Nun, mein Hut wird für die Ferien noch reichen‹, dachte er und ging weiter, ›und wenn mich niemand meines Hutes halber leiden kann, dann ist es desto besser.

'Well, my hat will still do for the vacations,' he thought and walked on, 'and if nobody likes me because of my hat, then all the better.

12.3 Eines Käfers große Gestalt, ja.

A beetle's big figure, yes.

12.4 Ich stellte es dann so an, als handle es sich um einen Winterschlaf, und ich preßte meine Beinchen an meinen gebauchten Leib.

Then I made as if it were a hibernation, and I pressed my little legs to my bulging body.

12.5 Und ich lisple eine kleine Zahl Worte, das sind Anordnungen an meinen traurigen Körper, der knapp bei mir steht und gebeugt ist.

And I lisp a small number of words, these are instructions to my sad body, which stands close to me and is bent over.

12.6 Bald bin ich fertig –

Soon I'll be finished –

er verbeugt sich, er geht flüchtig und alles wird er   12.7
aufs beste vollführen, während ich ruhe.‹
he bows, he walks fleetingly and everything will be done to
the best of his ability while I rest.'

Er erreichte ein freistehendes, sich rundwölbendes   13.1
Tor, das auf der Höhe der steilen Gasse auf
einen kleinen Platz führte, der von vielen schon
beleuchteten Geschäften umgeben war.
He reached a free-standing, round-arched gate which, at
the top of the steep alley, led to a small square surrounded
by many stores that were already lit up.

In der Mitte des Platzes, durch das Licht am Rande   13.2
etwas verdunkelt, stand das niedrige Denkmal eines
sitzenden nachdenklichen Mannes.
In the middle of the square, somewhat obscured by the
light at the edge, stood a low statue of a seated, pensive
man.

Die Leute bewegten sich wie schmale Blendscheiben   13.3
vor den Lichtern, und da die Pfützen allen Glanz weit
und tief ausbreiteten, änderte sich der Anblick des
Platzes unaufhörlich.
The people moved like narrow glare screens in front of the
lights, and as the puddles spread all the glow far and deep,
the view of the square changed constantly.

Raban drang wohl weit im Platze vor, wich aber   13.4
den treibenden Wagen zuckend aus, sprang von
vereinzeltem trockenem Stein wieder zu trockenen
Steinen und hielt den offenen Schirm in der
hocherhobenen Hand, um alles rund herum zu sehen.
Raban made his way far into the square, but dodged the
drifting carts, jumped from a few dry stones to dry stones
again and held the open umbrella in his raised hand to see
everything around him.

13.5 **Bis er bei einer Laternenstange –**
Until he stopped at a lamppost –

13.6 **einer Haltestelle der elektrischen Bahn – ,**
a stop on the electric train –

13.7 **die auf einen kleinen viereckigen Pflasteraufbau gestellt war, stehenblieb.**
which was placed on a small square paving structure.

14.1 **›Auf dem Lande erwartet man mich doch.**
'I'm expected in the country.

14.2 **Macht man sich nicht schon Gedanken?**
Aren't you already worried?

14.3 **Aber ich habe ihr die Woche über, seit sie auf dem Lande ist, nicht geschrieben, nur heute früh.**
But I haven't written to her all week since she's been in the country, just this morning.

14.4 **Da stellt man sich schon mein Aussehen am Ende anders vor.**
They already imagine my appearance differently at the end.

14.5 **Man glaubt vielleicht, daß ich losstürze, wenn ich einen anspreche, doch das ist nicht meine Gewohnheit, oder daß ich umarme, wenn ich ankomme, auch das tue ich nicht.**
People might think I rush off when I speak to someone, but that's not my habit, or that I hug when I arrive, I don't do that either.

14.6 **Ich werde sie böse machen, wenn ich versuchen werde, sie zu begütigen.**
I will make them angry if I try to make them happy.

Ach, wenn ich sie durchaus böse machen könnte, 14.7
beim Versuch sie zu begütigen.‹
Oh, if I could make her angry by trying to make her happy.'

Da fuhr ein offener Wagen nicht schnell vorüber, 15.1
An open carriage was not passing quickly,

hinter seinen zwei brennenden Laternen waren zwei 15.2
Damen sitzend auf dunklen Lederbänkchen zu sehn.
and behind its two lighted lanterns two ladies could be seen
sitting on dark leather benches.

Die eine war zurückgelehnt und hatte das Gesicht 15.3
durch einen Schleier und den Schatten ihres Hutes
verdeckt.
One of them was leaning back, her face hidden by a veil and
the shadow of her hat.

Doch der Oberkörper der andern Dame war aufrecht; 15.4
But the other lady's upper body was upright;

ihr Hut war klein, ihn begrenzten dünne Federn. 15.5
her hat was small, with thin feathers bordering it.

Jeder konnte sie sehn. 15.6
Everyone could see her.

Ihre Unterlippe war ein wenig in den Mund gezogen. 15.7
Her lower lip was drawn a little into her mouth.

Gleich als der Wagen an Raban vorüber war, 16.1
verstellte irgendeine Stange den Anblick des
Handpferdes dieses Wagens, dann wurde irgendein
Kutscher –
As soon as the carriage had passed Raban, some pole
obstructed the view of the hand-horse of this carriage,
then some coachman –

16.2 **der trug einen großen Zylinderhut –**
who wore a large top hat –

16.3 **auf einem ungewöhnlich hohen Bock vor die Damen geschoben,**
was pushed in front of the ladies on an unusually high trestle,

16.4 **– das war schon viel weiter,**
– that was already much further,

16.5 **– dann fuhr ihr Wagen selbst um die Ecke eines kleinen Hauses, das jetzt auffallend wurde, und verschwand dem Blick.**
– then their carriage itself drove around the corner of a small house, which now became conspicuous, and disappeared from view.

17.1 **Raban sah ihm nach, mit geneigtem Kopf, lehnte den Schirmstock an die Schulter, um besser zu sehn.**
Raban looked after him, head bowed, leaning the umbrella stick against his shoulder to get a better view.

17.2 **Den Daumen der rechten Hand hatte er in den Mund gesteckt und rieb die Zähne daran.**
He had put the thumb of his right hand in his mouth and was rubbing his teeth against it.

17.3 **Sein Koffer lag neben ihm, mit einer Seitenfläche auf der Erde.**
His suitcase lay beside him, with one side on the ground.

Wagen eilten von Gasse zu Gasse über den Platz, die   17.4
Leiber der Pferde flogen waagrecht wie geschleudert,
aber das Nicken des Kopfes und des Halses zeigte
Schwung und Mühe der Bewegung an.

Carriages rushed from lane to lane across the square, the
horses' bodies flying horizontally as if hurled, but the
nodding of the head and neck indicated momentum and
effort of movement.

Ringsum auf den Trottoirkanten aller drei hier   18.1
zusammentreffenden Straßen standen viele
Nichtstuer, die mit kleinen Stöckchen auf das Pflaster
klopften.

All around, on the edges of the sidewalks of all three streets
that met here, stood many non-pushers, tapping on the
pavement with small sticks.

Zwischen ihren Gruppen waren Türmchen, in denen   18.2
Mädchen Limonade ausschenkten, dann schwere
Straßenuhren auf dünnen Stäben, dann Männer,
die auf Brust und Rücken große Tafeln trugen, auf
welchen in vielfarbigen Buchstaben Vergnügungen
angekündigt waren, dann Dienstmänner, …(zwei
Seiten fehlen) …eine kleine Gesellschaft.

Between their groups were little towers in which girls
served lemonade, then heavy street clocks on thin poles,
then men carrying large boards on their chests and backs
on which amusements were announced in multi-colored
letters, then servants, …(two pages missing) …a small
company.

18.3 Zwei herrschaftliche Wagen, die quer durch den Platz in die abfallende Gasse fuhren, hielten einige Herren dieser Gesellschaft zurück, doch hinter dem zweiten Wagen –

Two stately carriages, which drove across the square into the sloping lane, held back some of the gentlemen of this company, but behind the second carriage –

18.4 schon hinter dem ersten hatten sie es ängstlich versucht –

they had already tried anxiously to get behind the first –

18.5 vereinigten sich diese Herren wieder zu einem Haufen mit den andern, mit denen sie dann in einer langen Reihe das Trottoir betraten und sich in die Türe eines Kaffeehauses drängten, überstürzt von den Lichtern der Glühbirnen, die über dem Eingang hingen.

these gentlemen reunited in a crowd with the others, with whom they then entered the sidewalk in a long line and crowded into the doorway of a coffee-house, precipitated by the lights of the bulbs hanging over the entrance.

19.1 Wagen der elektrischen Straßenbahn fuhren groß in der Nähe vorüber,

Cars of the electric streetcar were passing nearby,

19.2 andere standen weit in den Straßen undeutlich still.

others were standing still indistinctly in the streets.

19.3 ›Wie gebückt sie ist‹, dachte Raban, als er das Bild jetzt ansah, niemals ist sie eigentlich aufrecht und vielleicht ist ihr Rücken rund.

'How stooped she is,' Raban thought as he looked at the picture now, 'she's never actually upright and maybe her back is round.

Ich werde viel darauf achten müssen.   19.4
I'll have to pay a lot of attention to that.

Und ihr Mund ist so breit und die Unterlippe ragt   19.5
ohne Zweifel hier vor, ja, ich erinnere mich jetzt auch
daran.
And her mouth is so wide and her lower lip is no doubt
protruding here, yes, I remember that now too.

Und das Kleid!   19.6
And the dress!

Natürlich, ich verstehe nichts von Kleidern, aber   19.7
diese ganz knapp genähten Ärmel sind sicher
häßlich, wie ein Verband sehn sie aus.
Of course, I don't know anything about dresses, but those
very tightly sewn sleeves are certainly ugly, they look like a
bandage.

Und der Hut,   19.8
And the hat,

dessen Rand an jeder Stelle mit anderer Biegung in   19.9
die Höhe aus dem Gesichte gehoben ist.
the brim of which is lifted from her face with a different
curve at each point.

Aber ihre Augen sind schön, sie sind braun, wenn ich   19.10
nicht irre.
But her eyes are beautiful, they are brown, if I am not
mistaken.

Alle sagen, daß ihre Augen schön sind.‹   19.11
Everyone says that her eyes are beautiful.'

20.1 **Als nun ein elektrischer Wagen vor Raban hielt, schoben sich um ihn viele Leute der Wagentreppe zu, mit wenig geöffneten spitzigen Schirmen, die sie aufrecht in den an die Schulter gepreßten Händen hielten.**

When an electric car stopped in front of Raban, many people pushed their way towards the steps of the car, their pointed umbrellas slightly open and held upright in their hands pressed against their shoulders.

20.2 **Raban, der den Koffer unter dem Arm hielt, wurde vom Trottoir hinuntergezogen und trat stark in eine unsichtbare Pfütze.**

Raban, who was holding the suitcase under his arm, was pulled down from the sidewalk and stepped heavily into an invisible puddle.

20.3 **Im Wagen kniete auf der Bank ein Kind und drückte die Fingerspitzen beider Hände an die Lippen, als nähme es Abschied von jemandem, der jetzt davonging.**

In the carriage, a child knelt on the bench and pressed the fingertips of both hands to his lips, as if bidding farewell to someone who was now leaving.

20.4 **Einige Passagiere stiegen herunter und mußten einige Schritte entlang des Wagens gehn, um aus dem Gedränge zu kommen.**

Some passengers got down and had to walk a few steps along the carriage to get out of the crowd.

20.5 **Dann stieg eine Dame auf die erste Stufe, ihre Schleppe, die sie mit beiden Händen hielt, lag knapp über ihren Beinen.**

Then a lady climbed onto the first step, her train, which she held with both hands, was just above her legs.

Ein Herr hielt sich an einer Messingstange und
erzählte, den Kopf gehoben, einiges der Dame.
20.6

A gentleman held on to a brass rod and, raising his head,
told the lady a few things.

Alle die einsteigen wollten, waren ungeduldig.
20.7

Everyone who wanted to get on was impatient.

Der Kondukteur schrie.
20.8

The conductor shouted.

Raban, der jetzt am Rande der wartenden Gruppe
stand, wandte sich um, denn jemand hatte seinen
Namen gerufen.
21.1

Raban, who was now standing at the edge of the waiting
group, turned around because someone had called his
name.

»Ach, Lement«, sagte er langsam und reichte einem
herankommenden jungen Mann den kleinen Finger
der Hand, in der er den Schirm hielt.
21.2

"Oh, Lement", he said slowly and gave a young man
approaching him the little finger of the hand in which
he was holding the umbrella.

»Das ist also der Bräutigam, der zu seiner Braut fährt.
22.1

"So that's the groom driving to his bride.

Er sieht schrecklich verliebt aus«,
22.2

He looks terribly in love",

sagte Lement und lächelte dann mit geschlossenem
Munde.
22.3

said Lement and then smiled with his mouth closed.

23.1 »Ja, du mußt verzeihn, daß ich heute fahre«, sagte
Raban.
"Yes, you must forgive me for leaving today", said Raban.

23.2 »Ich habe dir auch nachmittag geschrieben.
"I also wrote to you in the afternoon.

23.3 Ich wäre natürlich sehr gerne morgen mit dir
gefahren, aber morgen ist Samstag, alles wird
überfüllt sein, die Fahrt ist lang.«
Of course I would have loved to go with you tomorrow, but
tomorrow is Saturday, everything will be crowded, the
journey is long."

24.1 »Das macht ja nichts. Du hast es mir zwar
versprochen,
"That doesn't matter. You promised me,

24.2 aber wenn man verliebt ist.
but when you're in love.

24.3 Ich werde eben allein fahren müssen.«
I'll just have to drive alone."

24.4 Lement hatte einen Fuß auf dem Trottoir, den
andern auf das Pflaster gestellt und stützte den
Oberkörper bald auf das eine, bald auf das andere
Bein. –
Lement had one foot on the sidewalk and the other on the
sidewalk, leaning his upper body on one leg and then the
other. –

24.5 »Du wolltest jetzt in die Elektrische steigen;
"You wanted to get on the electric train now;

gerade fährt sie weg. Komm, wir gehn zu Fuß, ich begleite dich.

it's just leaving. Come on, let's walk, I'll go with you.

Es ist noch Zeit genug.«

There's still time."

»Ist es nicht schon spät, ich bitte dich?«

"Isn't it late already, please?"

»Es ist kein Wunder, daß du ängstlich bist, aber du hast wirklich noch Zeit.

"It's no wonder you're anxious, but you really still have time.

Ich bin nicht so ängstlich,

I'm not that anxious,

deshalb habe ich auch jetzt Gillemann verfehlt.«

that's why I missed Gillemann now."

»Gillemann? Wird er nicht auch draußen wohnen?«

"Gillemann? Isn't he going to live outside too?"

»Ja, er mit seiner Frau, nächste Woche wollen sie hinausfahren und deshalb hatte ich eben Gillemann versprochen, ihn heute, wenn er aus dem Büro kommt, zu treffen.

"Yes, he and his wife, they want to go out next week and that's why I promised Gillemann I'd meet him today when he gets out of the office.

Er wollte mir einige Anweisungen betreffs ihrer Wohnungseinrichtung geben,

He wanted to give me some instructions about furnishing their apartment,

27.4 **deshalb sollte ich ihn treffen.**
so I was supposed to meet him.

27.5 **Nun habe ich mich aber irgendwie verspätet,**
But somehow I was late,

27.6 **ich hatte Besorgungen.**
I had errands to run.

27.7 **Und gerade als ich nachdachte, ob ich nicht in ihre Wohnung gehen sollte, sah ich dich, war zuerst über den Koffer erstaunt und sprach dich an.**
And just as I was wondering whether I shouldn't go to her apartment, I saw you, was surprised by the suitcase at first and spoke to you.

27.8 **Nun ist es aber schon zu sehr Abend, um Besuche zu machen, es ist ziemlich unmöglich, noch zu Gillemann hinzugehen.«**
But now it's already too late to visit, it's quite impossible to go to Gillemann's."

28.1 **»Natürlich. So werde ich also doch Bekannte draußen haben.**
"Of course. So I will have acquaintances outside after all.

28.2 **Die Frau Gillemann habe ich übrigens nie gesehn.«**
I've never seen Mrs. Gillemann, by the way."

28.3 **»Und die ist sehr schön. Sie ist blond,**
"And she's very beautiful. She's blonde,

28.4 **und jetzt nach ihrer Krankheit blaß.**
and now pale after her illness.

28.5 **Sie hat die schönsten Augen, die ich je gesehen habe.«**
She has the most beautiful eyes I've ever seen."

»Ich bitte dich, wie sehn schöne Augen aus? Ist es der Blick? 28.6

"Please, what do beautiful eyes look like? Is it the look?

Ich habe Augen niemals schön gefunden.« 28.7

I have never found eyes beautiful."

»Gut, ich habe vielleicht ein wenig übertrieben. 29.1

"Well, I may have exaggerated a little.

Sie ist aber eine hübsche Frau.« 29.2

But she's a pretty woman."

Durch die Scheibe eines ebenerdigen Kaffeehauses sah man eng beim Fenster um einen dreiseitigen Tisch lesende und essende Herren sitzen; 30.1

Through the pane of a ground-floor coffee house one could see gentlemen reading and eating close to the window around a three-sided table;

einer hatte eine Zeitung auf den Tisch gesenkt, ein Täßchen hielt er erhoben, aus den Augenwinkeln sah er in die Gasse. 30.2

one of them had lowered a newspaper onto the table, he held up a small cup and looked out of the corner of his eye into the alley.

Hinter diesen Fenstertischen war in dem großen Saale jedes Möbel und Gerät durch die Gäste verdeckt, die in kleinen Kreisen nebeneinander saßen ...(Zwei Seiten fehlen.) ... 30.3

Behind these windowed tables, every piece of furniture and utensil in the large hall was covered by the guests, who sat in small circles next to each other ...(Two pages missing.) ...

30.4 »Zufällig ist es aber kein unangenehmes Geschäft,
nicht wahr.
"But it doesn't happen to be an unpleasant business,
does it.

30.5 Viele würden diese Last auf sich nehmen, meine ich.«
Many would take on that burden, I mean."

31.1 Sie betraten einen ziemlich dunklen Platz, der
auf ihrer Straßenseite früher begann, denn die
gegenüberliegende ragte weiter.
They entered a rather dark square, which began earlier
on their side of the street, as the opposite side was further
away.

31.2 Auf der Seite des Platzes, an der entlang sie
weitergingen, stand ein ununterbrochener
Häuserzug, von dessen Ecken aus zwei voneinander
zuerst weit entfernte Häuserreihen in die
unkenntliche Ferne rückten, in der sie sich zu
vereinigen schienen.
On the side of the square along which they continued,
there was an uninterrupted row of houses, from the
corners of which two rows of houses, at first far apart,
receded into the unrecognizable distance where they
seemed to merge.

31.3 Das Trottoir war schmal an den meist kleinen
Häusern, man sah keine Geschäftsläden, hier fuhr
kein Wagen.
The sidewalk was narrow at the mostly small houses, there
were no stores to be seen, and no carriages drove here.

Ein eiserner Ständer, nahe dem Ende der Gasse, aus der sie kamen, trug einige Lampen, die in zwei waagrecht übereinander hängenden Ringen befestigt waren.   31.4

An iron stand, near the end of the alley from which they came, carried a few lamps, which were attached in two rings hanging horizontally one above the other.

Die trapezförmige Flamme brannte zwischen aneinandergefügten Glasplatten unter turmartigem breitem Dunkel wie in einem Zimmerchen und ließ wenige Schritte entferntes Dunkel bestehn.   31.5

The trapezoidal flame burned between joined glass plates under tower-like broad darkness as if in a small room, leaving darkness a few steps away.

»Nun aber ist es sicher schon zu spät,   32.1

"But now it's probably too late,

du hast es mir verheimlicht und ich versäume den Zug.   32.2

you've kept it from me and I'll miss the train.

Warum?« ...(Vier Seiten fehlen.) ...   32.3

Why?" ...(Four pages missing.) ...

»Ja, höchstens den Pirkershofer, na und der.«   33.1

"Yes, at most the Pirkershofer, so what."

»Der Name kommt, glaube ich, in den Briefen der Betty vor, er ist Bahnaspirant, nicht?«   34.1

"I think the name appears in Betty's letters, he's a railroad aspirant, isn't he?"

35.1 »Ja, Bahnaspirant und unangenehmer Mensch.
"Yes, railroad aspirant and unpleasant person.

35.2 Du wirst mir recht geben, sobald du diese kleine dicke Nase gesehen hast.
You'll agree with me as soon as you see that fat little nose.

35.3 Ich sage dir, wenn man mit dem durch die langweiligen Felder geht ...Übrigens ist er schon versetzt und geht, glaube und hoffe ich, nächste Woche von dort weg.«
I tell you, when you walk through the boring fields with him ...By the way, he's already been transferred and I think and hope he'll be leaving next week."

36.1 »Warte, du hast früher gesagt, du rätst mir, heute nacht noch hier zu bleiben.
"Wait, you said earlier that you'd advise me to stay here tonight.

36.2 Ich habe es überlegt, das würde nicht gut gehn.
I've thought it over, it wouldn't do any good.

36.3 Ich habe doch geschrieben, daß ich heute abend komme, sie werden mich erwarten.«
I wrote that I was coming tonight, they'll be expecting me."

37.1 »Das ist doch einfach, du telegraphierst.«
"That's easy, you're telegraphing."

38.1 »Ja, das ginge –
"Yes, I could –

38.2 aber es wäre nicht hübsch, wenn ich nicht fahren würde –
but it wouldn't be nice if I didn't go –

auch bin ich müde, ich werde doch schon fahren; 38.3

I'm tired, too, I'll go;

– wenn ein Telegramm käme, würden sie noch 38.4
erschrecken.

– if a telegram came, they'd be frightened.

– Und wozu das, wohin würden wir auch gehn?« 38.5

– And what's the point, where would we go?"

»Dann ist es wirklich besser, wenn du fährst. 39.1

"Then it's really better if you drive.

Ich dachte nur –. 39.2

I just thought –.

Auch könnte ich heute nicht mit dir gehn, da ich 39.3
verschlafen bin, das habe ich dir zu sagen vergessen.

I couldn't go with you today either, because I've overslept, I
forgot to tell you that.

Ich werde mich auch schon verabschieden, denn 39.4
durch den nassen Park will ich dich nicht mehr
begleiten, da ich doch noch zu Gillemanns schauen
möchte.

I'm going to say goodbye, because I don't want to walk with
you through the wet park, as I still want to see Gillemanns.

Es ist dreiviertel sechs, 39.5

It's three-quarters of six,

da kann man doch noch bei guten Bekannten 39.6
Besuche machen.

so you can still visit good friends.

39.7 Addio. Also glückliche Reise und grüße mir alle!«
Addio. So have a happy journey and say hello to everyone!"

40.1 Lement wendete sich nach rechts und reichte die rechte Hand zum Abschied hin,
Lement turned to his right and held out his right hand in farewell,

40.2 so daß er während eines Augenblicks gegen seinen ausgestreckten Arm ging.
so that he walked against his outstretched arm for a moment.

40.3 »Adieu«, sagte Raban.
"Adieu", said Raban.

41.1 Aus einer kleinen Entfernung rief noch Lement:
From a short distance away, Lement called out:

41.2 »Du, Eduard, hörst du mich, mach doch deinen Schirm zu, es regnet ja längst nicht mehr.
"You, Eduard, do you hear me, close your umbrella, it's not raining anymore.

41.3 Ich kam nicht dazu, es dir zu sagen.«
I didn't get a chance to tell you."

42.1 Raban antwortete nicht, zog den Schirm zusammen und der Himmel schloß sich bleich verdunkelt über ihm.
Raban did not answer, drew his umbrella together and the sky closed over him, pale and dark.

»Wenn ich wenigstens«, dachte Raban, in einen falschen Zug einsteigen würde.

43.1

"At least", thought Raban, "if I got on the wrong train.

Dann würde es mir doch scheinen, als sei das Unternehmen schon begonnen, und wenn ich später, nach Aufklärung des Irrtums, zurückfahrend wieder in diese Station käme, dann wäre mir schon viel wohler.

43.2

Then it would seem to me that the business had already begun, and if I were to return to this station later, after the mistake had been cleared up, I would feel much better.

Ist aber endlich die Gegend dort langweilig, wie Lement sagt, so muß das keineswegs ein Nachteil sein.

43.3

But if the area there is boring, as Lement says, that doesn't have to be a disadvantage.

Sondern man wird sich mehr in den Zimmern aufhalten und eigentlich niemals bestimmt wissen, wo alle andern sind, denn ist eine Ruine in der Umgebung, so unternimmt man wohl einen gemeinsamen Spaziergang zu dieser Ruine, wie man es schon einige Zeit vorher sicher verabredet hat.

43.4

Rather, one will spend more time in the rooms and never really know for sure where everyone else is, because if there is a ruin in the vicinity, one will probably take a walk together to this ruin, as one has certainly arranged some time beforehand.

Dann aber muß man sich darauf freuen,

43.5

But then you have to look forward to it,

deshalb darf man es nicht versäumen.

43.6

so you can't miss it.

43.7 Gibt es aber keine solche Sehenswürdigkeit, dann gibt es vorher auch keine Besprechung, denn man erwartet, es werden sich schon alle leicht zusammenfinden, wenn man plötzlich, gegen alle Gewohnheit, einen größern Ausflug für gut hält, denn man braucht nur das Mädchen in die Wohnung der andern schicken, wo sie vor einem Brief oder vor Büchern sitzen und entzückt durch diese Nachricht werden.

But if there is no such place of interest, then there is no discussion beforehand, for one expects that all will easily get together if one suddenly, against all custom, considers a larger excursion to be good, for one need only send the girl to the other's apartment, where they will sit in front of a letter or books and be delighted by this news.

43.8 Nun, gegen solche Einladungen sich zu schützen, ist nicht schwer.

Well, it's not difficult to protect yourself against such invitations.

43.9 Und doch weiß ich nicht, ob ich es können werde, denn es ist nicht so leicht, wie ich es mir denke, da ich noch allein bin und noch alles tun kann, noch zurückgehn kann, wenn ich will, denn ich werde dort niemanden haben, dem ich Besuche machen könnte, wann ich will, und niemanden, mit dem ich beschwerlichere Ausflüge machen könnte, der mir dort den Stand seines Getreides zeigte oder einen Steinbruch, den er dort betreiben läßt.

And yet I do not know whether I shall be able to do it, for it is not as easy as I think it will be, as I am still alone and can still do everything, nor go back if I like, for I shall have no one there with whom I could pay visits when I like, and no one with whom I could make more arduous excursions, who could show me the state of his grain there or a quarry he has working there.

Denn selbst alter Bekannter ist man gar nicht sicher. 43.10
For even old acquaintances are not safe.

War nicht Lement heute freundlich zu mir, er 43.11
hat mir doch einiges erklärt und er hat alles so
dargestellt, wie es mir erscheinen wird.
Wasn't Lement kind to me today, he did explain a lot to me
and he presented everything as it would appear to me.

Er hat mich angesprochen und mich dann begleitet, 43.12
He spoke to me and then accompanied me,

trotzdem er nichts von mir erfahren wollte und selbst 43.13
ein anderes Geschäft noch hatte.
even though he didn't want to know anything about me and
had another business deal himself.

Jetzt aber ist er unversehens weggegangen, 43.14
But now he left unexpectedly,

und doch habe ich ihn mit keinem Worte kränken 43.15
können.
and yet I was unable to offend him with a single word.

Ich habe mich zwar geweigert, den Abend in der 43.16
Stadt zu verbringen, aber das war doch natürlich,
das kann ihn nicht beleidigt haben, denn er ist ein
vernünftiger Mensch.‹
I may have refused to spend the evening in the city, but that
was only natural and could not have offended him, for he is
a sensible man.'

Die Bahnhofsuhr schlug, es war dreiviertel sechs. 44.1
The station clock struck, it was three quarters of six.

44.2 Raban blieb stehn, weil er Herzklopfen verspürte, dann ging er rasch den Parkteich entlang, kam in einen schmalen, schlecht beleuchteten Weg zwischen großen Sträuchern, stürzte in einen Platz, auf dem viele leere Bänke an Bäumchen gelehnt standen, lief dann langsamer durch eine Öffnung im Gitter auf die Straße, durchquerte sie, sprang in die Bahnhofstüre, fand den Schalter nach einem Weilchen und mußte ein wenig an den Blechverschluß klopfen.

Raban stopped because he felt his heart pounding, then he walked quickly along the park pond, came to a narrow, poorly lit path between large bushes, plunged into a square where many empty benches stood leaning against small trees, then walked more slowly through an opening in the railing onto the street, crossed it, jumped into the station door, found the counter after a while and had to knock a little on the metal lock.

44.3 Dann sah der Beamte heraus, sagte, es sei doch höchste Zeit, nahm die Banknote und warf laut die verlangte Karte und kleines Geld auf das Brett.

Then the clerk looked out, said it was high time, took the banknote and loudly threw the required card and some small money onto the board.

44.4 Nun wollte Raban rasch nachrechnen, da er dachte, er müsse mehr herausbekommen, aber ein Diener, der in der Nähe ging, trieb ihn durch eine gläserne Tür auf den Bahnsteig.

Now Raban wanted to do the math quickly, thinking he should get more, but a servant walking nearby drove him through a glass door onto the platform.

44.5 Raban sah sich dort um, während er dem Diener »Danke, danke!«

Raban looked around while shouting "Thank you, thank you!"

zurief, und da er keinen Kondukteur fand, stieg er
allein die nächste Waggontreppe hinauf, indem er
den Koffer immer auf die höhere Stufe stellte und
dann selbst nachkam, mit der einen Hand auf den
Schirm gestützt und die andere am Griff des Koffers.
to the servant and, finding no conductor, he climbed the
next set of carriage steps alone, always placing the suitcase
on the higher step and then following himself, one hand on
the umbrella and the other on the handle of the suitcase.

Der Waggon, den er betrat, war hell durch das viele
Licht der Bahnhofshalle, in der er stand;
The carriage he entered was bright from the abundant light
of the station concourse in which it stood;

vor mancher Scheibe, alle waren bis in die Höhe
geschlossen, hing nahe sichtbar eine rauschende
Bogenlampe und die vielen Regentropfen am
Fensterglase waren weiß, oft bewegten sich einzelne.
in front of some of the windows, all of which were closed
up to the ceiling, hung a roaring arc lamp in plain view and
the many raindrops on the window glass were white, often
moving individually.

Raban hörte den Lärm vom Bahnsteig her,
Raban heard the noise from the platform,

auch als er die Waggontüre geschlossen hatte und
sich auf das letzte freie Stückchen einer hellbraunen
Holzbank setzte.
even when he had closed the carriage door and sat down on
the last free piece of a light brown wooden bench.

Er sah viele Rücken und Hinterköpfe und zwischen
ihnen die zurückgelehnten Gesichter auf der
gegenüberliegenden Bank.
He saw many backs and backs of heads and between them
the leaning faces on the opposite bench.

44.12 An einigen Stellen drehte sich Rauch aus Pfeifen und
Zigarren und zog einmal schlaff am Gesichte eines
Mädchens vorüber.

Smoke from pipes and cigars curled up in some places and
once drifted limply past a girl's face.

44.13 Oft änderten die Passagiere ihren Sitz und
besprachen diese Änderung miteinander, oder
sie übertrugen ihr Gepäck, das in einem schmalen
blauen Netz über einer Bank lag, in ein anderes.

Passengers often changed their seats and discussed this
change with each other, or they transferred their luggage,
which lay in a narrow blue net above one bench, to another.

44.14 Ragte ein Stock oder die beschlagene Kante eines
Koffers vor,

If a stick or the tarnished edge of a suitcase protruded,

44.15 dann wurde der Besitzer darauf aufmerksam
gemacht.

the owner was made aware of it.

44.16 Er ging dann hin und stellte die Ordnung wieder her.

He then went and restored order.

44.17 Auch Raban besann sich und schob seinen Koffer
unter seinen Sitz.

Raban also came to his senses and pushed his suitcase
under his seat.

45.1 Zu seiner linken Seite bei dem Fenster saßen
einander gegenüber zwei Herren und sprachen über
Warenpreise.

To his left, by the window, two gentlemen were sitting
opposite each other talking about the prices of goods.

›Das sind Geschäftsreisende‹, dachte Raban, und
regelmäßig atmend sah er sie an.

'They are business travelers,' Raban thought, breathing
regularly as he looked at them.

45.2

›Der Kaufmann schickt sie auf das Land, sie folgen,
sie fahren mit der Eisenbahn und in jedem Dorf gehn
sie von Geschäft zu Geschäft.

'The merchant sends them to the countryside, they follow,
they travel by rail and in every village they go from store to
store.

45.3

Manchmal fahren sie im Wagen zwischen den
Dörfern.

Sometimes they travel between villages in a wagon.

45.4

Nirgends müssen sie sich lange aufhalten, denn alles
soll rasch geschehn, und immer müssen sie nur von
Waren reden.

Nowhere do they have to stay long, because everything has
to happen quickly, and they only ever have to talk about
goods.

45.5

Mit welcher Freude kann man sich dann anstrengen
in einem Berufe, der so angenehm ist!‹

What a pleasure it is to work hard in a job that is so
pleasant!'

45.6

Der Jüngere hatte ein Notizbuch aus der hintern
Hosentasche mit einem Ruck gezogen, blätterte darin
mit rasch an der Zunge befeuchtetem Zeigefinger und
las dann eine Seite durch, während er den Rücken des
Fingernagels an ihr hinunterzog.

The younger man had pulled a notebook out of his back
pocket with a jerk, flipped through it with his index finger
quickly moistened by his tongue and then read through a
page while dragging the back of his fingernail down it.

46.1

64

46.2 **Er sah Raban an, als er aufblickte, und drehte auch, als er jetzt über Zwirnpreise redete, das Gesicht von Raban nicht ab, wie man irgendwohin fest blickt, um nichts von dem zu vergessen, was man sagen will.**
He looked at Raban when he looked up, and even when he was now talking about twine prices, he did not turn his face away from Raban, as one does when one is looking somewhere so as not to forget anything one wants to say.

46.3 **Er preßte dabei die Brauen gegen seine Augen.**
He pressed his brows against his eyes.

46.4 **Das halbgeschlossene Notizbuch hielt er in der linken Hand, den Daumen auf der gelesenen Seite, um leicht nachschauen zu können, wenn er es nötig hätte.**
He held the half-closed notebook in his left hand, his thumb on the page he was reading so that he could easily check it if he needed to.

46.5 **Dabei zitterte das Notizbuch,**
The notebook trembled,

46.6 **denn er stützte diesen Arm nirgends auf und der fahrende Wagen schlug auf die Schienen wie ein Hammer.**
because he wasn't resting his arm anywhere and the moving carriage hit the rails like a hammer.

47.1 **Der andere Reisende hatte seinen Rücken angelehnt,**
The other traveler had his back leaned back,

47.2 **hörte zu und nickte in gleichen Pausen mit dem Kopfe.**
listening and nodding his head in equal pauses.

Es war zu sehen, daß er keinesfalls mit allem
übereinstimmte und später seine Meinung sagen
würde.

47.3

It was obvious that he did not agree with everything and
would speak his mind later.

Raban legte die gehöhlten Handflächen auf seine
Knie und sich vorbeugend, sah er zwischen den
Köpfen der Reisenden das Fenster und durch das
Fenster Lichter, die vorüber-, und andere, die zurück
in die Ferne flogen.

48.1

Raban placed his cupped palms on his knees and leaning
forward, he saw the window between the heads of the
travelers and through the window lights flying past and
others flying back into the distance.

Von der Rede des Reisenden verstand er nichts,

48.2

He understood nothing of the traveler's speech,

auch die Antwort des andern würde er nicht
verstehn.

48.3

nor would he understand the other's reply.

Da wäre erst große Vorbereitung nötig, denn hier
sind Leute, die von ihrer Jugend an mit Waren sich
beschäftigt haben.

48.4

It would take a lot of preparation, because there are people
here who have been dealing with goods since they were
young.

48.5 Hat man aber eine Zwirnspule so oft schon in der Hand gehabt und sie so oft der Kundschaft überreicht, dann kennt man den Preis und kann darüber reden, während Dörfer uns entgegenkommen und vorübereilen, während sie zugleich sich in die Tiefe des Landes wenden, wo sie für uns verschwinden müssen.

But if you have held a spool of thread in your hand so often and handed it over to customers so often, then you know the price and can talk about it, while villages come towards us and hurry past, while at the same time they turn into the depths of the country, where they have to disappear for us.

48.6 Und doch sind diese Dörfer bewohnt und vielleicht gehn dort Reisende von Geschäft zu Geschäft.

And yet these villages are inhabited and perhaps travelers go from store to store there.

49.1 Vor der Waggonecke am andern Ende stand ein großer Mann auf,

A tall man stood up in front of the corner of the carriage at the other end,

49.2 in der Hand hielt er Spielkarten und rief:

holding playing cards in his hand and shouting:

49.3 »Du, Marie, hast du auch die Zephirhemden miteingepackt?«

"Marie, did you pack the zephyr shirts as well?"

49.4 »Aber ja«, sagte das Weib, das gegenüber Raban saß.

"Of course I did", said the woman sitting opposite Raban.

Sie hatte ein wenig geschlafen, und als die Frage sie
jetzt weckte, antwortete sie so vor sich hin, als ob sie
es Raban sagte.

She had been asleep for a while, and when the question
woke her up, she answered as if she were telling Raban.

»Sie fahren auf den Markt nach Jungbunzlau, nicht?«

"You're going to the market in Jungbunzlau, aren't you?"

fragte sie der lebhafte Reisende. »Ja, nach
Jungbunzlau.«

the lively traveler asked her. "Yes, to Jungbunzlau."

»Diesmal ist es ein großer Markt, nicht wahr?«

"It's a big market this time, isn't it?"

»Ja, ein großer Markt.«

"Yes, a big market."

Sie war schläfrig, sie stützte den linken Ellbogen auf
ein blaues Bündel und ihr Kopf legte sich schwer
gegen ihre Hand, die sich durch das Fleisch der
Wange bis an den Wangenknochen drückte.

She was drowsy, resting her left elbow on a blue bundle,
and her head rested heavily against her hand, which
pressed through the flesh of her cheek to her cheekbone.

»Wie jung sie ist«, sagte der Reisende.

"How young she is", the traveler said.

Raban nahm das Geld, das er vom Kassier erhalten
hatte, aus der Westentasche und überzählte es.

Raban took the money he had received from the cashier out
of his vest pocket and counted it.

50.2 Er hielt jedes Geldstück lange aufrecht zwischen Daumen und Zeigefinger fest und drehte es auch mit der Spitze des Zeigefingers auf der Innenseite des Daumens hin und her.

He held each coin upright between his thumb and forefinger for a long time and turned it back and forth with the tip of his forefinger on the inside of his thumb.

50.3 Er sah lange das Bild des Kaisers an,

He looked at the picture of the emperor for a long time,

50.4 dann fiel ihm der Lorbeerkranz auf und wie er mit Knoten und Schleifen eines Bandes am Hinterkopf befestigt war.

then he noticed the laurel wreath and how it was fastened to the back of his head with knots and loops of ribbon.

50.5 Endlich fand er, daß die Summe richtig sei, und legte das Geld in ein großes schwarzes Portemonnaie.

At last he found that the sum was correct, and put the money into a large black purse.

50.6 Als er aber nun dem Reisenden sagen wollte:

But as he was about to say to the passenger,

50.7 ›Das ist ein Ehepaar, meinen Sie nicht?‹ hielt der Zug.

"That's a married couple, don't you think?" the train stopped.

50.8 Der Lärm der Fahrt hörte auf,

The noise of the journey stopped,

50.9 Schaffner riefen den Namen eines Ortes und Raban sagte nichts.

conductors called out the name of a place and Raban said nothing.

Der Zug fuhr so langsam an, daß man sich die
Umdrehung der Räder vorstellen konnte, gleich
aber jagte er eine Senkung hinab und ohne
Vorbereitung wurden vor den Fenstern die langen
Geländerstangen einer Brücke auseinandergerissen
und aneinandergepreßt, wie es schien.

51.1

The train started up so slowly that one could imagine the
wheels turning, but immediately it was hurtling down
a dip and without any preparation the long railings of a
bridge were torn apart and pressed together in front of the
windows, as it seemed.

Raban gefiel es jetzt, daß der Zug so eilte, denn er
hätte nicht in dem letzten Orte bleiben wollen.

52.1

Raban now liked the fact that the train was hurrying along,
for he would not have wanted to stay in the last place.

›Wenn es dort dunkel ist, wenn man niemanden dort
kennt, wenn es soweit nach Hause ist.

52.2

'When it's dark there, when you don't know anyone there,
when it's so far from home.

Dann muß es bei Tag aber dort schrecklich sein.

52.3

But then it must be terrible there by day.

Und ist es in der nächsten Station anders oder in den
frühern oder in den spätern oder in dem Dorf, nach
dem ich fahre?‹

52.4

And is it different in the next station, or in the earlier ones,
or in the later ones, or in the village I'm going to?'

Der Reisende redete plötzlich lauter.

53.1

The traveler suddenly spoke louder.

›Es ist ja noch weit‹, dachte , Raban.

53.2

'It's still a long way off,' thought Raban.

53.3 »Herr, Sie wissen es ja so gut wie ich, in den kleinsten Nestern lassen diese Fabrikanten reisen, zum dreckigsten Krämer kriechen sie und glauben Sie, daß sie ihnen andere Preise machen als uns Großkaufleuten?

"Sir, you know it as well as I do, these manufacturers travel to the smallest nests, they crawl to the dirtiest grocer, and do you believe that they offer them different prices than we big merchants?

53.4 Herr, lassen Sie es sich gesagt sein, ganz dieselben Preise, gestern erst habe ich es schwarz auf weiß gesehn.

Sir, let me tell you, the prices are exactly the same, I saw it in black and white only yesterday.

53.5 Ich nenne das Schufterei.

I call that drudgery.

53.6 Man erdrückt uns, bei den heutigen Verhältnissen ist es für uns einfach überhaupt unmöglich, Geschäfte zu machen, man erdrückt uns.«

We are being crushed, in today's circumstances it is simply impossible for us to do business at all, we are being crushed."

53.7 Wieder sah er Raban an;

He looked at Raban again;

53.8 er schämte sich der Tränen in seinen Augen nicht;

he was not ashamed of the tears in his eyes;

53.9 die Fingergelenke der linken Hand drückte er an seinen Mund, weil seine Lippen zitterten.

he pressed the knuckles of his left hand to his mouth because his lips were trembling.

Raban lehnte sich zurück und zog mit der linken
Hand schwach an seinem Schnurrbart.

Raban leaned back and pulled weakly at his moustache
with his left hand.

Die Krämerin gegenüber erwachte und strich mit den
Händen lächelnd über die Stirn.

The shopkeeper opposite woke up and stroked her forehead
with her hands, smiling.

Der Reisende redete leiser.

The traveler spoke more quietly.

Noch einmal rückte sich die Frau wie zum Schlafen
zurecht, lehnte sich halb liegend auf ihr Bündel und
seufzte.

Once again, the woman adjusted herself as if to sleep,
leaned half-lying on her bundle and sighed.

Über ihrer rechten Hüfte spannte sich der Rock.

Her skirt stretched over her right hip.

Hinter ihr saß ein Herr mit einer Reisemütze auf dem
Kopfe und las in einer großen Zeitung.

Behind her sat a gentleman with a traveler's cap on his
head, reading a large newspaper.

Das Mädchen ihm gegenüber, das wahrscheinlich
seine Verwandte war, bat ihn –

The girl opposite him, who was probably his relative, asked
him –

und neigte dabei den Kopf gegen die rechte
Schulter –,

tilting her head towards his right shoulder –,

55.4 **er möchte doch das Fenster öffnen, denn es wäre sehr heiß.**

to open the window because it was very hot.

55.5 **Er sagte, ohne aufzuschauen, er wolle es gleich tun, nur müsse er noch vorher einen Abschnitt in der Zeitung zu Ende lesen und er zeigte ihr, welchen Abschnitt er meinte.**

He said, without looking up, that he would do so straight away, but that he had to finish reading a section of the newspaper first, and he showed her which section he meant.

56.1 **Die Krämerin konnte nicht mehr einschlafen, sie setzte sich aufrecht und sah aus dem Fenster, dann sah sie lange die Petroleumflamme an, die gelb an der Waggondecke brannte.**

The grocer could no longer fall asleep, she sat up and looked out of the window, then looked for a long time at the kerosene flame burning yellow on the wagon ceiling.

56.2 **Raban schloß die Augen für ein Weilchen.**

Raban closed his eyes for a while.

57.1 **Als er aufblickte, biß gerade die Krämerin in ein Stück Kuchen, das mit brauner Marmelade bedeckt war.**

When he looked up, the shopkeeper was biting into a piece of cake covered in brown jam.

57.2 **Das Bündel neben ihr war offen.**

The bundle next to her was open.

Der Reisende rauchte schweigend eine Zigarre und tat fortwährend so, als klopfte er die Asche vom Ende ab. 57.3
The traveler smoked a cigar in silence and kept pretending to knock the ash off the end.

Der andere fuhr mit der Spitze eines Messers im Räderwerk einer Taschenuhr hin und her, 57.4
The other ran the point of a knife back and forth in the gears of a pocket watch,

so daß man es hörte. 57.5
so that it could be heard.

Mit fast geschlossenen Augen sah Raban noch undeutlich, 58.1
With his eyes almost closed,

wie der Herr mit der Reisemütze am Fensterriemen zog. 58.2
Raban could still vaguely see the gentleman with the traveling cap pulling on the window strap.

Kühle Luft schlug herein, ein Strohhut fiel von einem Haken. 58.3
Cool air blew in, a straw hat fell from a hook.

Raban glaubte, er erwache und deshalb seien seine Wangen so erfrischt oder man öffne die Tür und ziehe ihn ins Zimmer oder er täusche sich irgendwie, und schnell schlief er mit tiefen Atemzügen ein. 58.4
Raban thought he was waking up and that was why his cheeks were so refreshed, or that the door was being opened and he was being pulled into the room, or that he was somehow mistaken, and he quickly fell asleep with deep breaths.

II

1.1 **Es zitterte die Wagentreppe noch ein wenig, als Raban jetzt auf ihr hinunterstieg.**
The carriage steps were still shaking a little as Raban descended them.

1.2 **An sein Gesicht, das aus der Waggonluft kam, stieß der Regen und er schloß die Augen.**
The rain hit his face from the air in the carriage and he closed his eyes.

1.3 **– Auf das Blechdach vor dem Stationsgebäude regnete es lärmend, aber in das weite Land fiel der Regen nur so, daß man einen regelmäßig wehenden Wind zu hören glaubte.**
– It rained noisily on the tin roof in front of the station building, but in the wide open country the rain fell only in such a way that one thought one could hear a wind blowing regularly.

1.4 **Ein barfüßiger Junge kam herbeigelaufen –**
A barefoot boy came running up –

1.5 **Raban hatte nicht gesehn von wo –**
Raban hadn't seen from where –

und bat, außer Atem, Raban möchte ihn den Koffer
tragen lassen, denn es regne, doch Raban sagte: Ja, es
regne, deshalb werde er mit dem Omnibus fahren.

and, out of breath, asked Raban to let him carry the
suitcase, because it was raining, but Raban said, "Yes,
it's raining, so he'll take the omnibus.

1.6

Er brauche ihn nicht.

He didn't need it.

1.7

Darauf machte der Junge eine Grimasse, als halte
er es für vornehmer, im Regen zu gehn und sich den
Koffer tragen zu lassen als zu fahren, drehte sich
gleich um und lief weg.

The boy grimaced, as if he thought it was better to walk in
the rain and have the suitcase carried than to drive, then
turned around and ran away.

1.8

Da war es schon zu spät, als Raban ihn rufen wollte.

It was already too late when Raban tried to call him.

1.9

Zwei Laternen sah man brennen und ein
Stationsbeamter trat aus einer Tür.

Two lanterns could be seen burning and a station official
stepped out of a door.

2.1

Er ging, ohne zu zögern, durch den Regen zur
Lokomotive, stand dort mit verschränkten Armen
still und wartete, bis der Lokomotivführer sich über
sein Geländer beugte und mit ihm sprach.

Without hesitation, he walked through the rain to the
locomotive, stood still with his arms folded and waited
until the driver leaned over his railing and spoke to him.

2.2

Ein Diener wurde gerufen, kam und wurde
zurückgeschickt.

A servant was called, came and was sent back.

2.3

2.4 An manchen Fenstern des Zuges standen Passagiere,
und da sie ein gewöhnliches Stationsgebäude ansehn
mußten, so war wohl ihr Blick trübe, die Augenlider
waren einander genähert, wie während der Fahrt.

Passengers were standing at some of the windows of the
train, and as they must have been looking at an ordinary
station building, their eyes must have been dim, their
eyelids drawn close together, as they had been during the
journey.

2.5 Ein Mädchen, das von der Landstraße her unter
einem Sonnenschirm mit Blumenmuster auf
den Perron eilig kam, stellte den offenen Schirm
auf den Boden, setzte sich und preßte die Beine
auseinander, damit ihr Rock besser trockne, und
mit den Fingerspitzen fuhr sie über den gespannten
Rock.

A girl who came hurrying onto the platform from the
highway under a flower-patterned parasol placed the open
umbrella on the ground, sat down and spread her legs
apart so that her skirt would dry better, and she ran her
fingertips over the taut skirt.

2.6 Es brannten nur zwei Laternen, ihr Gesicht war
undeutlich.

Only two lanterns were burning and her face was
indistinct.

Der Diener, der vorüberkam, beklagte es, daß
Pfützen unter dem Schirm entstanden, rundete vor
sich die Arme, um die Größe dieser Pfützen zu zeigen,
und führte dann die Hände hintereinander durch
die Luft wie Fische, die in tieferes Wasser sinken, um
klarzumachen, daß durch diesen Schirm auch der
Verkehr gehindert sei.

2.7

The servant who passed by complained that there were
puddles under the umbrella, rounded his arms in front of
him to show the size of these puddles, and then passed his
hands through the air one after the other, like fish sinking
into deeper water, to make it clear that traffic was also
hindered by this umbrella.

Der Zug fuhr an, verschwand wie eine lange
Schiebetür und hinter den Pappeln jenseits der
Geleise war die Masse der Gegend, daß es den Atem
störte.

3.1

The train pulled up, disappeared like a long sliding door,
and behind the poplars beyond the tracks was the mass of
the area that made it hard to breathe.

War es ein dunkler Durchblick oder war es ein Wald,
war es ein Teich oder ein Haus, in dem die Menschen
schon schliefen, war es ein Kirchturm oder eine
Schlucht zwischen den Hügeln;

3.2

Was it a dark vista or was it a forest, was it a pond or a
house where people were already asleep, was it a church
tower or a ravine between the hills;

niemand durfte sich dorthin wagen,

3.3

no one was allowed to venture there,

wer aber konnte sich zurückhalten? –

3.4

but who could hold back? –

4.1 Und als Raban den Beamten noch erblickte –
And when Raban caught sight of the official –

4.2 er war schon vor der Stufe zu seinem Büro – ,
he was already on the steps to his office – ,

4.3 lief er vor ihn und hielt ihn auf:
he ran in front of him and stopped him:

4.4 »Ich bitte schön, ist es weit ins Dorf, ich will nämlich dorthin.«
"Please, is it far to the village, I want to go there."

5.1 »Nein, eine Viertelstunde, aber mit dem Omnibus –
"No, a quarter of an hour, but with the bus –

5.2 es regnet ja – sind Sie in fünf Minuten dort. Ich bitte.«
it's raining – you'll be there in five minutes. Please."

5.3 »Es regnet. Es ist kein schönes Frühjahr«, sagte Raban darauf.
"It's raining. It's not a nice spring", Raban said.

5.4 Der Beamte hatte die rechte Hand an die Hüfte gelegt und durch das Dreieck, das zwischen dem Arm und dem Körper entstand, sah Raban das Mädchen, das den Schirm schon geschlossen hatte, auf ihrer Bank.
The officer had put his right hand on his hip and through the triangle that formed between his arm and his body, Raban saw the girl, who had already closed her umbrella, on her bench.

6.1 »Wenn man jetzt in die Sommerfrische fährt und dort bleiben soll,
"If you go on a summer vacation now and have to stay there,

so muß man es bedauern. Eigentlich dachte ich, 6.2
you have to regret it. Actually,

daß man mich erwarten würde.« 6.3
I thought they were expecting me."

Er blickte umher, damit es glaubhaft scheine. 6.4
He glanced around to make it seem credible.

»Sie werden den Omnibus versäumen, fürchte ich. 6.5
"You'll miss the omnibus, I'm afraid.

Er wartet nicht so lange. Keinen Dank. 6.6
It doesn't wait that long. No thanks.

– Der Weg geht dort zwischen den Hecken.« 6.7
– The road goes between the hedges there."

Die Straße vor dem Bahnhof war nicht beleuchtet, 7.1
nur aus drei ebenerdigen Fenstern des Gebäudes kam
ein dunstiger Schein, er reichte aber nicht weit.
The street in front of the station was not lit, only a hazy
glow came from three ground-level windows of the
building, but it didn't reach far.

Raban ging auf den Fußspitzen durch den Kot und 7.2
rief
Raban walked on tiptoe through the mud, shouting

»Kutscher!« und »Hallo!« und »Omnibus!« und »Hier 7.3
bin ich«
"Coachman!" and "Hello!" and "Omnibus!" and "Here I
am"

viele Male. 7.4
many times.

7.5 Als er aber in kaum unterbrochene Pfützen auf der dunklen Straßenseite geriet, mußte er mit ganzen Sohlen weiterstampfen, bis plötzlich eine nasse Pferdeschnauze seine Stirn berührte.

But when he got into barely interrupted puddles on the dark side of the road, he had to keep on stamping with all his soles until suddenly a wet horse's snout touched his forehead.

8.1 Da war der Omnibus, rasch stieg er in die leere Kammer, setzte sich bei der Glasscheibe hinter dem Kutschbock nieder und beugte den Rücken in den Winkel, denn er hatte alles getan, was nötig war.

There was the omnibus, he quickly climbed into the empty compartment, sat down by the glass window behind the coachman's seat and bent his back into the corner, for he had done all that was necessary.

8.2 Denn schläft der Kutscher, so wird er gegen Morgen aufwachen, ist er tot, so wird ein neuer Kutscher kommen oder der Wirt, geschieht aber auch das nicht, so werden mit dem Frühzug Passagiere kommen, eilige Leute, die Lärm machen.

For if the coachman is asleep, he will wake up in the morning; if he is dead, a new coachman will come or the landlord, but if neither happens, passengers will arrive with the early train, people in a hurry who will make a noise.

8.3 Jedenfalls darf man ruhig sein, durfte selbst die Vorhänge vor den Fenstern zusammenziehn und auf den Ruck warten, mit dem dieser Wagen anfahren muß.

In any case, one may be quiet, may even draw the curtains in front of the windows and wait for the jolt with which this carriage must start.

›Ja, es ist nach dem vielen, was ich schon   9.1
unternommen habe, sicher, daß ich morgen zu Betty
und zu Mama kommen werde, das kann niemand
hindern.
'Yes, after all I have already done, it is certain that I shall
come to Betty and mamma tomorrow; no one can prevent
that.

Nur ist es richtig und es war auch vorauszusehn, daß   9.2
mein Brief erst morgen ankommen wird, ich hätte
recht gut also noch in der Stadt bleiben und bei Elvy
eine angenehme Nacht verbringen können, ohne
mich vor der Arbeit des nächsten Tages fürchten zu
müssen, was mir sonst jedes Vergnügen verdirbt.
Only it is true, and it was to be foreseen, that my letter
would not arrive till tomorrow, so I could quite well have
stayed in town and spent a pleasant night at Elvy's, without
having to be afraid of the next day's work, which otherwise
spoils all my pleasure.

Aber schau, ich habe nasse Füße.‹   9.3
But look, I have wet feet.'

Er zündete einen Kerzenstumpf an, den er aus der   10.1
Westentasche genommen hatte, und stellte ihn auf
die Bank gegenüber.
He lit a candle stump that he had taken from his vest pocket
and placed it on the bench opposite.

Es war genügend hell, die Dunkelheit draußen   10.2
machte, daß man schwarzgetünchte Omnibuswände
ohne Scheiben sah.
There was enough light, the darkness outside made it
possible to see blackwashed bus walls without windows.

10.3 **Man mußte nicht gleich daran denken, daß unter dem Boden Räder waren und vorne das angespannte Pferd.**

You didn't have to think about the fact that there were wheels under the floor and the harnessed horse in front.

11.1 **Raban rieb seine Füße gründlich auf der Bank,**

Raban rubbed his feet thoroughly on the bench,

11.2 **zog frische Socken an und setzte sich aufrecht.**

put on fresh socks and sat upright.

11.3 **Da hörte er jemanden, der vom Bahnhof her rief: »He!«,**

Then he heard someone shouting from the station: "Hey!",

11.4 **wenn ein Passagier im Omnibus sei, dann könne er sich melden.**

if there was a passenger on the bus, he could come forward.

12.1 **»Ja, ja, und er möchte schon gerne fahren«, antwortete Raban aus der geöffneten Tür geneigt, mit der rechten Hand am Pfosten sich festhaltend, die linke geöffnet, nahe dem Munde.**

"Yes, yes, and he would like to drive", Raban replied, leaning out of the open door, holding on to the post with his right hand, his left open, close to his mouth.

12.2 **Stürmisch floß ihm das Regenwasser zwischen Kragen und Hals.**

The rainwater flowed stormily between his collar and neck.

Eingewickelt in die Leinwand zweier zerschnittener Säcke kam der Kutscher herüber, der Widerschein seiner Stallaterne hüpfte durch die Pfützen unter ihm.

Wrapped in the canvas of two cut sacks, the coachman came over, the reflection of his stable lantern bouncing through the puddles beneath him.

Verdrießlich begann er eine Erklärung:

He began an explanation in annoyance:

Aufgepaßt, er habe mit dem Lebeda Karten gespielt und sie wären gerade sehr in Schwung gewesen, wie der Zug gekommen ist.

he had been playing cards with the Lebeda and they had just been in a hurry when the train arrived.

Da wäre es eigentlich für ihn unmöglich gewesen, nachzuschaun, doch wolle er den, der es nicht begreife, nicht beschimpfen.

It would have been impossible for him to look, but he didn't want to insult those who didn't understand.

Übrigens sei das hier ein Dreckort ohne Einschränkung und es sei nicht einzusehen, was ein solcher Herr hier zu tun haben könnte, und er käme noch bald genug hinein, so daß er sich nirgends beklagen müsse.

Besides, this was a dirty place without any restrictions and he couldn't see what such a gentleman could have to do here, and he would get in soon enough so that he wouldn't have to complain anywhere.

Es sei eben erst jetzt Herr Pirkershofer – ich bitte,

It was only now that Mr. Pirkershofer – I beg your pardon,

das ist der Herr Adjunkt –

that's the adjunct –

13.8 hineingekommen und habe gesagt, er glaube, ein kleiner Blonder habe mit dem Omnibus fahren wollen.

had come in and said that he thought a little blond man had wanted to take the omnibus.

13.9 Nun, da habe er gleich nachgefragt, oder habe er vielleicht nicht gleich nachgefragt?

Well, he asked right away, or perhaps he didn't ask right away?

14.1 Die Laterne wurde an der Deichselspitze befestigt, das Pferd, dumpf angerufen, zog an und das jetzt aufgerührte Wasser oben auf dem Omnibus tropfte durch eine Ritze langsam in den Wagen.

The lantern was attached to the top of the drawbar, the horse, with a muffled call, pulled up and the water, now stirred up on top of the bus, dripped slowly into the carriage through a crack.

15.1 Der Weg konnte gebirgig sein, sicher sprang der Kot in die Speichen, Fächer von Pfützenwasser entstanden rauschend rückwärts an den sich drehenden Rädern, mit meist lockeren Zügeln hielt der Kutscher das triefende Pferd.

The road could be mountainous, the manure was sure to jump into the spokes, puddles of water rushed backwards on the spinning wheels, the coachman held the dripping horse with mostly loose reins.

15.2 – Konnte man das alles nicht als Vorwürfe gegen Raban gebrauchen?

– Couldn't all this be used as a reproach against Raban?

Viele Pfützen wurden unerwartet von der an der
Deichsel zitternden Laterne erhellt und zerteilten
sich, Wellen treibend, unter dem Rad.

15.3

Many puddles were unexpectedly lit up by the lantern
trembling on the drawbar and split up under the wheel,
creating waves.

Das geschah nur deshalb, weil Raban zu seiner Braut
fuhr, zu Betty, einem ältlichen hübschen Mädchen.

15.4

This only happened because Raban was riding to his bride,
Betty, a pretty old girl.

Und wer würde, wenn man schon davon reden
wollte, würdigen, was für Verdienste Raban hier
hatte, und seien es nur die, daß er jene Vorwürfe
ertrug, die ihm allerdings niemand offen machen
konnte.

15.5

And who would appreciate, if one wanted to talk about
it, what merits Raban had here, even if it was only that
he endured those reproaches that no one could openly
reproach him for.

Natürlich, er tat es gern, Betty war seine Braut, er
hatte sie lieb, es wäre ekelhaft, wenn sie ihm auch
dafür danken würde, aber immerhin.

15.6

Of course, he did it gladly, Betty was his bride, he loved her,
it would be disgusting if she thanked him for it too, but
still.

Ohne Willen schlug er oft mit dem Kopf an die Wand,
an der er lehnte, dann sah er ein Weilchen zur Decke
auf.

16.1

He often banged his head against the wall he was leaning
against without meaning to, then looked up at the ceiling
for a while.

16.2 **Einmal glitt seine rechte Hand vom Oberschenkel, auf den er sie gelehnt hatte, hinab.**

Once his right hand slipped down from the thigh on which he had been leaning.

16.3 **Aber der Ellbogen blieb in dem Winkel zwischen dem Bauch und dem Bein.**

But his elbow remained in the angle between his stomach and his leg.

17.1 **Schon fuhr der Omnibus zwischen Häusern, hie und da nahm das Wageninnere am Licht eines Zimmers teil, eine Treppe –**

The omnibus was already driving between houses, here and there the interior of the carriage was lit by the light of a room, a staircase –

17.2 **um ihre ersten Stufen zu sehn hätte Raban sich aufstellen müssen –**

Raban would have had to stand up to see its first steps –

17.3 **war zu einer Kirche hin gebaut, vor einem Parktor brannte eine Lampe mit großer Flamme, aber eine Heiligenstatue trat nur durch das Licht eines Kramladens schwarz hervor, jetzt sah Raban seine niedergebrannte Kerze, deren geronnenes Wachs von der Bank unbeweglich hinunterhing.**

had been built towards a church, a lamp with a large flame was burning in front of a gate, but a statue of a saint only stood out in black through the light of a store, and now Raban saw his burnt-out candle, its coagulated wax hanging motionless from the bench.

18.1 **Als der Wagen vor dem Gasthaus stehenblieb,**

When the carriage stopped in front of the inn,

der Regen stark zu hören war und – 18.2
the rain could be heard loudly and –

wahrscheinlich war ein Fenster offen – 18.3
one of the windows was probably open –

auch die Stimmen der Gäste, da fragte sich Raban, 18.4
was besser sei, gleich auszusteigen oder zu warten,
bis der Wirt zum Wagen komme.
the voices of the guests, Raban wondered which was better,
to get out immediately or to wait until the innkeeper came
to the carriage.

Wie der Gebrauch in diesem Städtchen war, das 18.5
wußte er nicht, aber sicherlich hatte Betty schon
von ihrem Bräutigam gesprochen, und nach seinem
prächtigen oder schwachen Auftreten würde ihr
Ansehen hier größer oder kleiner werden und damit
wieder sein eigenes auch.
He did not know what the custom was in this little town,
but surely Betty had already spoken of her bridegroom,
and according to his splendid or weak appearance, her
reputation here would increase or decrease, and so would
his own.

Nun wußte er aber weder, in welchem Ansehen sie 18.6
jetzt stand, noch, was sie über ihn verbreitet hatte,
desto unangenehmer und schwieriger.
But now he knew neither what her reputation was now,
nor what she had spread about him, the more unpleasant
and difficult.

Schöne Stadt und schöner Nachhauseweg! 18.7
Nice town and nice way home!

18.8 Regnet es dort, fährt man mit der Elektrischen über nasse Steine nach Hause, hier in dem Karren durch Morast zu einem Wirtshaus. –

If it rains there, you ride home over wet stones in an electric car, here in a cart through mud to an inn. –

18.9 ›Die Stadt ist weit von hier, und würde ich jetzt aus Heimweh zu sterben drohn, hinbringen könnte mich heute niemand mehr.

'The town is a long way from here, and if I were to die of homesickness now, no one could take me there today.

18.10 – Nun, ich würde auch nicht sterben –

– Well, I wouldn't die either –

18.11 aber dort bekomme ich das für diesen Abend erwartete Gericht auf den Tisch gestellt, rechts hinter dem Teller die Zeitung, links die Lampe, hier wird man mir eine unheimlich fette Speise geben –

but there I'll get the meal I'm expecting for this evening put on the table, the newspaper behind the plate on the right, the lamp on the left, here they'll give me an incredibly fat meal –

18.12 man weiß nicht, daß ich einen schwachen Magen habe, und wenn man es wüßte – ,

they don't know that I have a weak stomach, and if they knew –

18.13 eine fremde Zeitung, viele Leute, die ich schon höre, werden dabei sein und eine Lampe wird für alle brennen.

a strange newspaper, many people I can already hear will be there, and a lamp will burn for everyone.

Was für ein Licht kann das geben, zum Kartenspiel genug, aber zum Zeitunglesen?

What kind of light can that give, enough for playing cards, but for reading the newspaper?

Der Wirt kommt nicht, ihm liegt nichts an Gästen, er ist wahrscheinlich ein unfreundlicher Mann.

The landlord doesn't come, he doesn't care about guests, he's probably an unfriendly man.

Oder weiß er, daß ich Bettys Bräutigam bin und gibt ihm das einen Grund, nicht um mich zu kommen?

Or does he know that I am Betty's bridegroom and does that give him a reason not to come to see me?

Dazu würde es auch passen, daß mich am Bahnhof der Kutscher so lange warten ließ.

It would also be fitting that the coachman kept me waiting so long at the station.

Betty hat ja öfters erzählt, wie viel sie von lüsternen Männern zu leiden hatte und wie sie ihr Drängen zurückweisen mußte, vielleicht ist das auch hier ...‹

Betty has often told how much she had to suffer from lustful men and how she had to reject their advances, perhaps that is also the case here ...'

(Bricht ab.)

(Breaks off.)

(Zweites Manuskript)

(Second Manuscript)

1.1 **Als Eduard Raban, durch den Flurgang kommend, in die Öffnung des Tores trat, da konnte er sehn, wie es regnete.**

When Eduard Raban stepped through the corridor into the opening of the gate, he could see that it was raining.

1.2 **Es regnete wenig.**

It was raining very little.

2.1 **Auf dem Trottoir gleich vor ihm, nicht höher, nicht tiefer, gingen trotz des Regens viele Passanten.**

On the sidewalk right in front of him, no higher, no lower, many passers-by walked despite the rain.

2.2 **Manchmal trat einer vor und durchquerte die Fahrbahn.**

Sometimes someone would step forward and cross the pavement.

3.1 **Ein kleines Mädchen trug auf den vorgestreckten Armen einen grauen Hund.**

A little girl carried a gray dog in her outstretched arms.

Zwei Herren machten einander gegenseitig
Mitteilungen in irgendeiner Sache,

3.2

Two gentlemen were communicating with each other on
some matter or other,

sie wandten sich zuweilen mit der ganzen Vorderseite
einander zu und kehrten sich dann langsam
wieder ab;

3.3

sometimes turning their whole faces towards each other
and then slowly turning away again;

es erinnerte an im Wind geöffnete Türen.

3.4

it was reminiscent of doors open in the wind.

Der eine hielt die Hände mit der innern Fläche nach
oben und bewegte sie gleichmäßig auf und ab, als
halte er eine Last in Schwebe, um das Gewicht zu
prüfen.

3.5

One of them held his hands with the inner surface facing
upwards and moved them evenly up and down as if he were
holding a load in suspension to check its weight.

Dann erblickte man eine schlanke Dame, deren
Gesicht leicht zuckte, wie das Licht der Sterne, und
deren flacher Hut mit unkenntlichen Dingen bis zum
Rande und hoch beladen war;

3.6

Then a slender lady was seen, whose face twitched slightly,
like the light of the stars, and whose flat hat was loaded to
the brim and high with unrecognizable things;

sie erschien zu allen Vorübergehenden ohne Absicht
fremd,

3.7

she appeared strange to all passers-by without intention,

wie durch ein Gesetz.

3.8

as if by law.

3.9 **Und es eilte ein junger Mensch mit dünnem Stock vorüber, die linke Hand, als wäre sie gelähmt, platt auf der Brust.**

And a young man with a thin stick hurried by, his left hand flat on his chest as if it were paralyzed.

3.10 **Viele hatten Geschäftswege;**

Many of them had business routes;

3.11 **trotzdem sie schnell gingen, sah man sie länger als andere, bald auf dem Trottoir, bald unten, die Röcke paßten ihnen schlecht, an der Haltung lag ihnen nichts, sie ließen sich von den Leuten stoßen und stießen auch.**

although they walked quickly, they were seen longer than others, sometimes on the sidewalk, sometimes below, their skirts didn't fit well, they didn't care about posture, they let people push them and pushed them too.

3.12 **Drei Herren –**

Three gentlemen –

3.13 **zwei hielten leichte Überröcke auf dem geknickten Unterarm –**

two holding light overskirts on their bent forearms –

3.14 **gingen von der Häusermauer zum Rande des Trottoirs, um zu sehen, wie es auf der Fahrbahn zuging und auf dem jenseitigen Trottoir.**

walked from the wall of the house to the edge of the sidewalk to see how things were going on the roadway and on the sidewalk beyond.

Durch die Lücken zwischen den Vorübergehenden 4.1
sah man einmal flüchtig, dann bequem, die
regelmäßig gefügten Steine der Fahrbahn, auf denen
Wagen, schwankend auf den Rädern, von Pferden mit
gestreckten Hälsen, rasch gezogen wurden.
Through the gaps between the passers-by, one could see
fleetingly, then comfortably, the regularly jointed stones
of the roadway, on which carts, swaying on their wheels,
were pulled swiftly by horses with stretched necks.

Die Leute, welche in den gepolsterten Sitzen lehnten, 4.2
sahen schweigend die Fußgänger an, die Läden, die
Balkone und den Himmel.
The people leaning in the cushioned seats looked silently at
the pedestrians, the stores, the balconies and the sky.

Sollte ein Wagen einem andern vorfahren, 4.3
If one carriage drove ahead of another,

dann preßten sich die Pferde aneinander und das 4.4
Riemenzeug hing baumelnd.
the horses pressed against each other and the harness hung
dangling.

Die Tiere rissen an der Deichsel, der Wagen rollte 4.5
eilig schaukelnd, bis der Bogen um den vordern
Wagen vollendet war und die Pferde wieder
auseinander traten, noch die schmalen Köpfe
einander zugeneigt.
The animals pulled at the drawbar, the carriage rolled
hastily, rocking, until the curve around the carriage in
front was complete and the horses stepped apart again,
their narrow heads still turned towards each other.

5.1 Ein älterer Herr kam rasch auf das Haustor zu, blieb auf dem trockenen Mosaik stehn, wandte sich um.

An elderly gentleman approached the front gate quickly, stopped on the dry mosaic and turned around.

5.2 Und schaute dann in den Regen, der eingezwängt in diese enge Gasse verworren fiel.

And then looked into the rain that was falling in a tangled mess in this narrow alley.

6.1 Raban stellte den mit schwarzem Tuch benähten Handkoffer nieder und beugte dabei ein wenig das rechte Knie.

Raban put down the handbag sewn with black cloth and bent his right knee a little.

6.2 Schon rann das Regenwasser an den Kanten der Fahrbahn in Streifen, die zu den tiefer gelegenen Kanälen sich fast spannten.

The rainwater was already running off the edges of the road in streaks that almost stretched down to the canals below.

7.1 Der ältere Herr stand frei nahe bei Raban, der sich ein wenig gegen den hölzernen Torflügel stützte, und sah von Zeit zu Zeit gegen Raban hin, wenn er auch hierzu scharf den Hals drehen mußte.

The older gentleman stood freely close to Raban, who was leaning a little against the wooden gate wing, and looked at Raban from time to time, even if he had to turn his neck sharply to do so.

7.2 Doch tat er dies nur aus dem natürlichen Bedürfnis, da er nun einmal unbeschäftigt war, alles, in seiner Umgebung wenigstens, genau zu beobachten.

But he only did this out of a natural need, since he was not busy, to observe everything around him closely.

Die Folge dieses zwecklosen Hin - und Herschauens   7.3
war, daß er sehr vieles nicht bemerkte.

The result of this purposeless looking to and fro was that he
did not notice many things.

So entging es ihm, daß Rabans Lippen sehr bleich   7.4
waren und nicht viel dem ganz ausgebleichten
Rot seiner Krawatte nachstanden, die ein ehemals
auffallendes maurisches Muster zeigte.

Thus it escaped his notice that Raban's lips were very pale
and not much inferior to the completely faded red of his tie,
which showed a formerly striking Moorish pattern.

Hätte er das aber bemerkt, dann hätte er in seinem   7.5
Innern sicherlich geradezu ein Geschrei hierüber
angefangen, was aber wieder nicht das Richtige
gewesen wäre, denn Raban war immer bleich, wenn
ihn auch allerdings in letzter Zeit einiges besonders
müde gemacht haben konnte.

If he had noticed this, however, he would certainly have
started shouting about it, which would not have been the
right thing to do, because Raban was always pale, even
if some things might have made him particularly tired
recently.

»Das ist ein Wetter«, sagte der Herr leise und   8.1
schüttelte zwar bewußt und doch ein wenig
greisenhaft den Kopf.

"That's the weather", said the gentleman quietly, shaking
his head deliberately, but still a little old-fashioned.

»Ja, ja, und wenn man da reisen soll«, sagte Raban   8.2
und stellte sich schnell aufrecht.

"Yes, yes, and if you have to travel there", said Raban,
standing up quickly.

9.1 »Und das ist kein Wetter, das sich bessern wird«, sagte der Herr und sah, um alles noch im letzten Augenblick zu überprüfen, sich vorbeugend einmal die Gasse aufwärts, dann abwärts, dann zum Himmel,

"And that's not weather that's going to improve", said the gentleman, looking up the lane, then down, then to the sky, to check everything at the last moment,

9.2 »das kann Tage, das kann Wochen dauern.

"it could take days, it could take weeks.

9.3 Soweit ich mich erinnere,

As far as I remember,

9.4 ist auch für Juni und Anfang Juli nichts Besseres vorhergesagt.

nothing better is forecast for June and early July either.

9.5 Nun, das macht keinem Freude, ich zum Beispiel werde auf meine Spaziergänge verzichten müssen, die für meine Gesundheit äußerst wichtig sind.«

Well, that's no fun for anyone, I for one will have to give up my walks, which are extremely important for my health."

10.1 Darauf gähnte er und schien erschlafft, da er nun die Stimme Rabans gehört hatte und, mit diesem Gespräch beschäftigt, an nichts mehr Interesse hatte, nicht einmal an dem Gespräch.

He then yawned and seemed exhausted, as he had now heard Raban's voice and, preoccupied with the conversation, was no longer interested in anything, not even the conversation.

Dies machte auf Raban ziemlichen Eindruck, da ihn 11.1
doch der Herr zuerst angesprochen hatte, und er
versuchte daher, sich ein wenig zu rühmen, selbst
wenn es nicht einmal bemerkt werden sollte.
This made quite an impression on Raban, as the gentleman
had spoken to him first, so he tried to boast a little, even if it
wasn't even noticed.

»Richtig«, sagte er, 11.2
"That's right", he said,

»in der Stadt kann man sehr gut auf das verzichten, 11.3
was einem nicht zuträglich ist.
"in the city you can do very well without what is not
beneficial to you.

Verzichtet man nicht, 11.4
If you don't,

dann kann man wegen der schlechten Folgen nur sich 11.5
selbst Vorwürfe machen.
you can only blame yourself for the bad consequences.

Man wird bereuen und dadurch erst recht klar sehn, 11.6
wie man sich das nächste Mal verhalten soll.
You'll regret it and see all the more clearly how you should
behave next time.

Und wenn das schon im einzelnen ...(es fehlen zwei 11.7
Seiten)...
And if that already in detail ...(two pages are missing) ...

»Nichts meine ich damit. 11.8
"I don't mean anything by that.

11.9 Ich meine gar nichts«, beeilte sich Raban zu sagen, bereit, wie es nur anging, die Zerstreutheit des Herrn zu entschuldigen, da er sich ja noch ein wenig rühmen wollte.

I mean nothing at all", Raban hastened to say, as ready as he could be to excuse his master's absent-mindedness, as he still wanted to boast a little.

11.10 »Alles ist nur aus dem vorerwähnten Buche, das ich eben, wie andere auch, am Abend in der letzten Zeit gelesen habe.

"Everything is just from the aforementioned book, which I, like others, have been reading in the evenings lately.

11.11 Ich war meist allein. Da sind so Familienverhältnisse gewesen.

I was mostly alone. There have been family relationships.

11.12 Aber abgesehen von allem andern,

But apart from everything else,

11.13 ein gutes Buch ist mir nach dem Nachtmahl das Liebste.

a good book is my favorite thing after dinner.

11.14 Schon seit jeher.

It always has been.

11.15 Letzthin las ich in einem Prospekte als Zitat aus irgendeinem Schriftsteller:

Recently I read in a brochure a quote from some writer:

11.16 ›Ein gutes Buch ist der beste Freund‹, und das ist wirklich wahr, so ist es, ein gutes Buch ist der beste Freund.«

'A good book is the best friend', and that's really true, that's how it is, a good book is the best friend."

»Ja wenn man jung ist – «, sagte der Herr und meinte   12.1
nichts Besonders damit, sondern wollte damit nur
ausdrücken, wie es regne, daß der Regen wieder
stärker sei und daß es nun gar nicht aufhören
wolle, aber es klang für Raban so, als halte sich
der Herr noch mit sechzig Jahren für frisch und
jung und schätze dagegen die dreißig Jahre Rabans
für nichts, und wolle damit außerdem, soweit es
erlaubt sei, sagen, mit dreißig Jahren sei er allerdings
vernünftiger gewesen als Raban.

"Yes, when you're young", said the gentleman, meaning
nothing in particular, but only to express how it was
raining, that the rain was heavier again and that it didn't
want to stop, but it sounded to Raban as if the gentleman
still considered himself fresh and young at the age of sixty
and, on the other hand, valued Raban's thirty years as
nothing, and also wanted to say, as far as it was allowed,
that at thirty he had been more sensible than Raban.

Und er glaube, selbst wenn man sonst nichts zu tun   12.2
habe, wie zum Beispiel er, ein alter Mann, so heiße
es doch seine Zeit verschwenden, wenn man hier im
Flur so vor dem Regen stehe, verbringe man die Zeit
aber außerdem mit Geschwätz, so verschwende man
sie doppelt.

And he believed that even if you had nothing else to do, like
him, an old man, it was a waste of time to stand here in the
hallway in front of the rain, but if you also spent your time
chatting, you were wasting it twice over.

13.1 Nun glaubte Raban, seit einiger Zeit könne ihn nichts berühren, was andere über seine Fähigkeiten oder Meinungen sagten, vielmehr habe er förmlich jene Stelle verlassen, wo er ganz hingegeben auf alles gehorcht hatte, so daß Leute jetzt doch nur ins Leere redeten, ob sie nun gegen oder für ihn waren.

Now Raban thought that for some time nothing that others said about his abilities or opinions could affect him, that he had literally left that place where he had listened to everything with complete devotion, so that people were now only talking into the void, whether they were against or for him.

13.2 Darum sagte er:

Therefore he said,

13.3 »Wir reden von verschiedenen Dingen, da Sie nicht daraufgewartet haben, was ich sagen will.«

"We are talking about different things, since you did not wait to hear what I wanted to say."

14.1 »Bitte, bitte«, sagte der Herr.

"Please, please", said the Lord.

15.1 »Nun, es ist nicht so wichtig«, sagte Raban,

"Well, it's not that important", said Raban,

15.2 »ich meinte nur, Bücher sind nützlich in jedem Sinn und ganz besonders, wo man es nicht erwarten sollte.

"I just meant that books are useful in every sense and especially where you shouldn't expect them to be.

Denn wenn man eine Unternehmung vorhat,   15.3
so sind gerade die Bücher, deren Inhalt mit der
Unternehmung gar nichts Gemeinschaftliches hat,
die nützlichsten.

For if one intends to undertake an enterprise, the books
whose contents have nothing at all in common with the
enterprise are the most useful.

Denn der Leser, der doch jene Unternehmung   15.4
beabsichtigt, also irgendwie (und wenn förmlich
auch nur die Wirkung des Buches bis zu jener Hitze
dringen kann) erhitzt ist, wird durch das Buch zu
lauter Gedanken gereizt, die seine Unternehmung
betreffen.

For the reader, who after all intends that undertaking, and
is therefore somehow heated (even if only the effect of the
book can formally penetrate to that heat), is stimulated
by the book to all kinds of thoughts concerning his
undertaking.

Da nun aber der Inhalt des Buches ein gerade ganz   15.5
gleichgültiger ist, wird der Leser in jenen Gedanken
gar nicht gehindert und er zieht mit ihnen mitten
durch das Buch, wie einmal die Juden durch das Rote
Meer, möchte ich sagen.«

But since the content of the book is quite indifferent, the
reader is not hindered at all in these thoughts and he moves
with them through the middle of the book, as the Jews
once did through the Red Sea, I would like to say."

Die ganze Person des alten Herrn bekam jetzt für   16.1
Raban einen unangenehmen Ausdruck.

The old man's whole person now took on an unpleasant
expression for Raban.

16.2 **Es schien ihm, als sei er ihm besonders nähergekommen, –**

It seemed to him as if he had come particularly close to him, –

16.3 **es war aber nur unbedeutend …(zwei Seiten fehlen) …**

but it was only insignificant …(two pages missing) …

16.4 **»Auch die Zeitung.**

"The newspaper, too.

16.5 **– Aber ich wollte noch sagen, ich fahre ja nur auf das Land, für vierzehn Tage nur, ich habe mir Urlaub genommen, seit längerer Zeit zum erstenmal, es ist ja auch sonst nötig, und trotzdem hat mich zum Beispiel ein Buch, das ich, wie erwähnt, letzthin gelesen habe, über meine kleine Reise mehr belehrt, als Sie sich vorstellen könnten.«**

– But I wanted to say that I'm only going to the country, for two weeks only, I've taken a vacation, for the first time in a long time, it's otherwise necessary, and yet a book, for example, which I read recently, as I mentioned, has taught me more about my little trip than you could imagine."

17.1 **»Ich höre«, sagte der Herr.**

"I'm listening", said the Lord.

18.1 **Raban war still und steckte, wie er so aufrecht stand, die Hände in die etwas zu hohen Taschen seines Überziehers.**

Raban was silent and, as he stood upright, he put his hands in the slightly too high pockets of his overcoat.

19.1 **Erst nach einer Weile sagte der alte Herr:**

Only after a while did the old man say:

»Diese Reise scheint für Sie eine besondere
Wichtigkeit zu haben.«

19.2

"This journey seems to be of particular importance to you."

»Nun sehn Sie, sehn Sie«, sagte Raban und stützte
sich wieder gegen das Tor.

19.3

"Now look, look", said Raban and leaned against the gate
again.

Jetzt erst sah er, wie sich der Gang mit Menschen
gefüllt hatte.

19.4

Only now did he see how the corridor had filled up with
people.

Sogar vor der Haustreppe standen sie, und ein
Beamter, der auch bei derselben Frau wie Raban
ein Zimmer gemietet hatte, mußte, als er die Treppe
herunterkam, die Leute bitten, ihm Platz zu machen.

19.5

They were even standing in front of the front steps, and an
official, who had also rented a room from the same woman
as Raban, had to ask people to make room for him as he
came down the stairs.

Er rief Raban, der nur mit der Hand auf den Regen
zeigte, über einige Köpfe, die sich jetzt alle zu Raban
wandten

19.6

He shouted

»Glückliche Reise«

19.7

"Happy journey"

19.8 zu und erneuerte ein offenbar früher gegebenes
Versprechen, nächsten Sonntag bestimmt Raban zu
besuchen ...(Zwei Seiten fehlen) ...

to Raban, who only pointed to the rain with his hand, over
a few heads, which were now all turned towards Raban,
and renewed a promise he had obviously made earlier that
he would definitely visit Raban next Sunday ...(Two pages
missing) ...

19.9 angenehmen Posten hat,

has a pleasant post,

19.10 mit dem er auch zufrieden ist und der ihn seit jeher
erwartete.

with which he is also satisfied and which has always
awaited him.

19.11 Er ist so ausdauernd und innerlich lustig, daß er zu
seiner Unterhaltung keinen Menschen braucht, aber
alle ihn.

He is so persevering and inwardly funny that he needs no
one to entertain him, but everyone needs him.

19.12 Immer war er gesund. Ach, reden Sie nicht.

He has always been healthy. Oh, don't talk.

20.1 »Ich werde nicht streiten«, sagte der Herr.

"I will not argue", said the Lord.

21.1 »Sie werden nicht streiten, aber auch Ihren Irrtum
nicht zugeben, warum bestehn Sie denn so darauf.

"You won't argue, but you won't admit you were wrong
either, why do you insist on it.

Und wenn Sie sich jetzt noch so scharf daran
erinnern, Sie würden, ich wette, alles vergessen,
wenn Sie mit ihm reden würden.

21.2

And if you remembered it so sharply now, I bet you'd forget
all about it if you spoke to him.

Sie würden mir Vorwürfe machen, daß ich Sie jetzt
nicht besser widerlegt habe.

21.3

You would reproach me for not having refuted you better
now.

Wenn er nur über ein Buch spricht.

21.4

If he only talks about a book.

Für alles Schöne ist er gleich begeistert. « ...

21.5

He is equally enthusiastic about everything beautiful. " ...

Der Schlag ans Hoftor

The Blow to the Courtyard Gate

1.1 **Es war im Sommer, ein heißer Tag.**
It was summer, a hot day.

1.2 **Ich kam auf dem Nachhauseweg mit meiner Schwester an einem Hoftor vorüber.**
I was walking home with my sister and passed a gate.

1.3 **Ich weiß nicht,**
I don't know whether she was banging on the gate out of spite or absent-mindedness,

1.4 **schlug sie aus Mutwillen ans Tor oder aus Zerstreutheit oder drohte sie nur mit der Faust und schlug gar nicht.**
or whether she was just threatening with her fist and didn't hit at all.

1.5 **Hundert Schritte weiter an der nach links sich wendenden Landstraße begann das Dorf.**
The village began a hundred paces further along the country road that turned left.

Wir kannten es nicht, aber gleich nach dem ersten Haus kamen Leute hervor und winkten uns, freundschaftlich oder warnend, selbst erschrocken, gebückt vor Schrecken.

1.6

We didn't know it, but immediately after the first house people came out and waved to us, friendly or warning, even frightened, bent over in terror.

Sie zeigten nach dem Hof, an dem wir vorübergekommen waren, und erinnerten uns an den Schlag ans Tor.

1.7

They pointed to the farm we had passed and reminded us of the knock at the gate.

Die Hofbesitzer werden uns verklagen, gleich werde die Untersuchung beginnen.

1.8

The owners of the farm were going to sue us and the investigation was about to begin.

Ich war sehr ruhig und beruhigte auch meine Schwester.

1.9

I was very calm and reassured my sister.

Sie hatte den Schlag wahrscheinlich gar nicht getan, und hätte sie ihn getan, so wird deswegen nirgends auf der Welt ein Beweis geführt.

1.10

She probably hadn't hit the gate at all, and if she had, there would be no evidence of it anywhere in the world.

Ich suchte das auch den Leuten um uns begreiflich zu machen, sie hörten mich an, enthielten sich aber eines Urteils.

1.11

I tried to explain this to the people around us, they listened to me but refrained from passing judgment.

1.12 Später sagten sie, nicht nur meine Schwester, auch ich als Bruder werde angeklagt werden.
Later they said that not only my sister, but also I as a brother would be accused.

1.13 Ich nickte lächelnd. Alle blickten wir zum Hofe zurück,
I nodded with a smile. We all looked back at the courtyard,

1.14 wie man eine ferne Rauchwolke beobachtet und auf die Flamme wartet.
like watching a distant cloud of smoke and waiting for the flame.

1.15 Und wirklich,
And indeed,

1.16 bald sahen wir Reiter ins weit offene Hoftor einreiten.
we soon saw riders enter the wide-open courtyard gate.

1.17 Staub erhob sich, verhüllte alles, nur die Spitzen der hohen Lanzen blinkten.
Dust rose up, covering everything, only the tips of the high lances flashed.

1.18 Und kaum war die Truppe im Hof verschwunden,
And as soon as the troop had disappeared into the courtyard,

1.19 schien sie gleich die Pferde gewendet zu haben und war auf dem Wege zu uns.
they seemed to have turned their horses around and were on their way to us.

1.20 Ich drängte meine Schwester fort,
I urged my sister away,

ich werde alles allein ins Reine bringen. 1.21

saying I would sort everything out on my own.

Sie weigerte sich, mich allein zu lassen. 1.22

She refused to leave me alone.

Ich sagte, sie solle sich aber wenigstens umkleiden, 1.23
um in einem besseren Kleid vor die Herren zu treten.

I told her to at least change her clothes so that she could
appear before the gentlemen in a better dress.

Endlich folgte sie und machte sich auf den langen 1.24
Weg nach Hause.

At last she followed and set off on the long walk home.

Schon waren die Reiter bei uns, 1.25

The riders were already with us,

noch von den Pferden herab fragten sie nach meiner 1.26
Schwester.

and from the horses they asked after my sister.

Sie ist augenblicklich nicht hier, wurde ängstlich 1.27
geantwortet, werde aber später kommen.

She is not here at the moment, they replied anxiously, but
would come later.

Die Antwort wurde fast gleichgültig aufgenommen; 1.28

The answer was received almost indifferently;

wichtig schien vor allem, daß sie mich gefunden 1.29
hatten.

the most important thing seemed to be that they had
found me.

1.30 **Es waren hauptsächlich zwei Herren, der Richter, ein junger, lebhafter Mann, und sein stiller Gehilfe, der Aßmann genannt wurde.**

There were mainly two gentlemen, the judge, a young, lively man, and his quiet assistant, who was called Aßmann.

1.31 **Ich wurde aufgefordert in die Bauernstube einzutreten.**

I was invited to enter the farmhouse parlor.

1.32 **Langsam, den Kopf wiegend, an den Hosenträgern rückend, setzte ich mich unter den scharfen Blicken der Herren in Gang.**

Slowly, swaying my head and pulling on my suspenders, I made my way in under the sharp glances of the gentlemen.

1.33 **Noch glaubte ich fast, ein Wort werde genügen, um mich, den Städter, sogar noch unter Ehren, aus diesem Bauernvolk zu befreien.**

I still almost believed that one word would be enough to free me, the townsman, from these peasant folk, even with honor.

1.34 **Aber als ich die Schwelle der Stube überschritten hatte, sagte der Richter, der vorgesprungen war und mich schon erwartete:**

But when I had crossed the threshold of the parlor, the judge, who had jumped forward and was already waiting for me, said:

1.35 **»Dieser Mann tut mir leid.«**

"I feel sorry for this man."

Es war aber über allem Zweifel, daß er damit nicht
meinen gegenwärtigen Zustand meinte, sondern das,
was mit mir geschehen würde.

1.36

There was no doubt that he was not referring to my present
condition, but to what would happen to me.

Die Stube sah einer Gefängniszelle ähnlicher als
einer Bauernstube.

1.37

The room looked more like a prison cell than a farmhouse
parlor.

Große Steinfliesen, dunkel, ganz kahle Wand,
irgendwo eingemauert ein eiserner Ring, in der Mitte
etwas, das halb Pritsche, halb Operationstisch war.

1.38

Large stone tiles, dark, completely bare walls, an iron ring
walled in somewhere, in the middle something that was
half cot, half operating table.

Könnte ich noch andere Luft schmecken als die des
Gefängnisses?

2.1

Could I taste any air other than that of prison?

Das ist die große Frage oder vielmehr, sie wäre es,
wenn ich noch Aussicht auf Entlassung hätte.

2.2

That is the big question, or rather, it would be if I still had a
chance of being released.

Ein Hungerkünstler

A Hunger Artist

1.1 In den letzten Jahrzehnten ist das Interesse an Hungerkünstlern sehr zurückgegangen.

In recent decades, interest in starving artists has declined considerably.

1.2 Während es sich früher gut lohnte, große derartige Vorführungen in eigener Regie zu veranstalten, ist dies heute völlig unmöglich.

While it used to be well worthwhile to organize large-scale performances of this kind on your own, it is now completely impossible.

1.3 Es waren andere Zeiten.

Those were different times.

1.4 Damals beschäftigte sich die ganze Stadt mit dem Hungerkünstler;

At that time the whole town was occupied with the Hunger Artist;

1.5 von Hungertag zu Hungertag stieg die Teilnahme;

from hunger day to hunger day the attendance increased;

jeder wollte den Hungerkünstler zumindest einmal täglich sehn;

1.6

everyone wanted to see the Hunger Artist at least once a day;

an den spätern Tagen gab es Abonnenten, welche tagelang vor dem kleinen Gitterkäfig saßen;

1.7

on the later days there were subscribers who sat for days in front of the small lattice cage;

auch in der Nacht fanden Besichtigungen statt,

1.8

even at night there were viewings,

zur Erhöhung der Wirkung bei Fackelschein;

1.9

to increase the effect by torchlight;

an schönen Tagen wurde der Käfig ins Freie getragen, und nun waren es besonders die Kinder, denen der Hungerkünstler gezeigt wurde;

1.10

on fine days the cage was carried outside, and now it was especially the children who were shown the Hunger Artist;

1.11 während er für die Erwachsenen oft nur ein Spaß war, an dem sie der Mode halber teilnahmen, sahen die Kinder staunend, mit offenem Mund, der Sicherheit halber einander bei der Hand haltend, zu, wie er bleich, im schwarzen Trikot, mit mächtig vortretenden Rippen, sogar einen Sessel verschmähend, auf hingestreutem Stroh saß, einmal höflich nickend, angestrengt lächelnd Fragen beantwortete, auch durch das Gitter den Arm streckte, um seine Magerkeit befühlen zu lassen, dann aber wieder ganz in sich selbst versank, um niemanden sich kümmerte, nicht einmal um den für ihn so wichtigen Schlag der Uhr, die das einzige Möbelstück des Käfigs war, sondern nur vor sich hinsah mit fast geschlossenen Augen und hie und da aus einem winzigen Gläschen Wasser nippte, um sich die Lippen zu feuchten.

while for the adults he was often just a joke in which they took part for the sake of fashion, the children watched in amazement, open-mouthed, holding each other's hands for safety's sake, as he sat pale, in a black leotard, his ribs protruding mightily, spurning even an armchair, on straw strewn about, nodding politely once, smiling strainedly, answering questions, He also stretched out his arm through the bars to have his leanness felt, but then sank completely into himself again, not caring about anyone, not even about the chime of the clock, which was so important to him and was the only piece of furniture in the cage, but just looking ahead with his eyes almost closed and sipping from a tiny glass of water here and there to moisten his lips.

Außer den wechselnden Zuschauern waren auch ständige, vom Publikum gewählte Wächter da, merkwürdigerweise gewöhnlich Fleischhauer, welche, immer drei gleichzeitig, die Aufgabe hatten, Tag und Nacht den Hungerkünstler zu beobachten, damit er nicht etwa auf irgendeine heimliche Weise doch Nahrung zu sich nehme.

2.1

In addition to the changing spectators, there were also permanent guards chosen by the audience, strangely enough usually butchers, who, always three at a time, had the task of watching the hunger artist day and night so that he did not eat in some secret way.

Es war das aber lediglich eine Formalität, eingeführt zur Beruhigung der Massen, denn die Eingeweihten wußten wohl, daß der Hungerkünstler während der Hungerzeit niemals, unter keinen Umständen, selbst unter Zwang nicht, auch das geringste nur gegessen hätte;

2.2

But this was merely a formality, introduced to calm the masses, for the insiders knew well that the hunger artist would never, under any circumstances, even under duress, have eaten even the slightest thing during the hunger period;

die Ehre seiner Kunst verbot dies.

2.3

the honor of his art forbade this.

2.4 Freilich, nicht jeder Wächter konnte das begreifen, es fanden sich manchmal nächtliche Wachgruppen, welche die Bewachung sehr lax durchführten, absichtlich in eine ferne Ecke sich zusammensetzten und dort sich ins Kartenspiel vertieften, in der offenbaren Absicht, dem Hungerkünstler eine kleine Erfrischung zu gönnen, die er ihrer Meinung nach aus irgendwelchen geheimen Vorräten hervorholen konnte.

Of course, not every guard could understand this; sometimes there were groups of guards at night who kept a very lax watch, deliberately sitting down in a far corner and immersing themselves in a game of cards with the obvious intention of treating the hunger artist to a little refreshment, which they thought he could draw from some secret supply.

2.5 Nichts war dem Hungerkünstler quälender als solche Wächter;

Nothing was more tormenting to the hunger artist than such guards;

2.6 sie machten ihn trübselig;

they made him gloomy;

2.7 sie machten ihm das Hungern entsetzlich schwer;

they made it terribly difficult for him to starve;

2.8 manchmal überwand er seine Schwäche und sang während dieser Wachzeit, solange er es nur aushielt, um den Leuten zu zeigen, wie ungerecht sie ihn verdächtigten.

sometimes he overcame his weakness and sang during these waking hours, as long as he could stand it, to show the people how unjustly they suspected him.

2.9 Doch half das wenig;

But this was of little help;

sie wunderten sich dann nur über seine Geschicklichkeit, selbst während des Singens zu essen.

2.10

they were only amazed at his ability to eat even while singing.

Viel lieber waren ihm die Wächter, welche sich eng zum Gitter setzten, mit der trüben Nachtbeleuchtung des Saales sich nicht begnügten, sondern ihn mit den elektrischen Taschenlampen bestrahlten, die ihnen der Impresario zur Verfügung stellte.

2.11

He much preferred the guards, who sat close to the bars, not content with the dim night lighting of the hall, but illuminated him with the electric flashlights provided by the impresario.

Das grelle Licht störte ihn gar nicht, schlafen konnte er ja überhaupt nicht, und ein wenig hindämmern konnte er immer, bei jeder Beleuchtung und zu jeder Stunde, auch im übervollen, lärmenden Saal.

2.12

The bright light didn't bother him at all, he couldn't sleep at all, and he could always doze off a little in any lighting and at any hour, even in the crowded, noisy hall.

Er war sehr gerne bereit, mit solchen Wächtern die Nacht gänzlich ohne Schlaf zu verbringen;

2.13

He was very willing to spend the night with such guards without any sleep at all;

2.14 er war bereit, mit ihnen zu scherzen, ihnen
Geschichten aus seinem Wanderleben zu erzählen,
dann wieder ihre Erzählungen anzuhören, alles
nur, um sie wachzuhalten, um ihnen immer wieder
zeigen zu können, daß er nichts Eßbares im Käfig
hatte und daß er hungerte, wie keiner von ihnen es
könnte.

he was ready to joke with them, tell them stories from his
wandering life, then listen to their stories again, all just to
keep them awake, to show them again and again that he
had nothing to eat in his cage and that he was starving like
none of them could.

2.15 Am glücklichsten aber war er, wenn dann der
Morgen kam und ihnen auf seine Rechnung ein
überreiches Frühstück gebracht wurde, auf das sie
sich warfen mit dem Appetit gesunder Männer nach
einer mühevoll durchwachten Nacht.

But he was happiest when morning came and they were
brought a sumptuous breakfast on his account, which they
ate with the appetite of healthy men after a night of hard
work.

2.16 Es gab zwar sogar Leute, die in diesem Frühstück eine
ungebührliche Beeinflussung der Wächter sehen
wollten, aber das ging doch zu weit, und wenn man
sie fragte, ob etwa sie nur um der Sache willen ohne
Frühstück die Nachtwache übernehmen wollten,
verzogen sie sich, aber bei ihren Verdächtigungen
blieben sie dennoch.

There were even people who wanted to see this breakfast as
an undue influence on the guards, but that was going too
far, and when they were asked whether they wanted to take
over the night watch without breakfast just for the sake of
it, they moved away, but their suspicions remained.

Dieses allerdings gehörte schon zu den vom Hungern überhaupt nicht zu trennenden Verdächtigungen. 3.1
This, however, was one of the suspicions that could not be separated from starvation.

Niemand war ja imstande, alle die Tage und Nächte beim Hungerkünstler ununterbrochen als Wächter zu verbringen, niemand also konnte aus eigener Anschauung wissen, ob wirklich ununterbrochen, fehlerlos gehungert worden war; 3.2
No one was able to spend all the days and nights with the hunger artist without interruption as a watcher, so no one could know from his own observation whether hunger had really been uninterrupted and flawless;

nur der Hungerkünstler selbst konnte das wissen, 3.3
only the hunger artist himself could know that,

nur er also gleichzeitig der von seinem Hungern vollkommen befriedigte Zuschauer sein. 3.4
only he could be the spectator completely satisfied by his hunger.

Er war aber wieder aus einem andern Grunde niemals befriedigt; 3.5
But again, he was never satisfied for another reason;

vielleicht war er gar nicht vom Hungern so sehr abgemagert, daß manche zu ihrem Bedauern den Vorführungen fernbleiben mußten, weil sie seinen Anblick nicht ertrugen, sondern er war nur so abgemagert aus Unzufriedenheit mit sich selbst. 3.6
perhaps he was not so emaciated by starvation that some had to stay away from the performances to their regret because they could not bear the sight of him, but he was only so emaciated out of dissatisfaction with himself.

3.7 Er allein nämlich wußte, auch kein Eingeweihter
sonst wußte das, wie leicht das Hungern war.
For he alone knew, and no other initiate knew, how easy it
was to starve.

3.8 Es war die leichteste Sache von der Welt.
It was the easiest thing in the world.

3.9 Er verschwieg es auch nicht, aber man glaubte
ihm nicht, hielt ihn günstigenfalls für bescheiden,
meist aber für reklamesüchtig oder gar für einen
Schwindler, dem das Hungern allerdings leicht war,
weil er es sich leicht zu machen verstand, und der
auch noch die Stirn hatte, es halb zu gestehn.
He did not conceal it, but people did not believe him;
at best they thought he was modest, but mostly that
he was addicted to complaining or even a swindler, for
whom starvation was easy because he knew how to make
it easy for himself, and who even had the forehead to
half-confess it.

3.10 Das alles mußte er hinnehmen, hatte sich auch im
Laufe der Jahre daran gewöhnt, aber innerlich nagte
diese Unbefriedigtheit immer an ihm, und noch
niemals, nach keiner Hungerperiode –
He had to put up with all this and had become accustomed
to it over the years, but inwardly this dissatisfaction always
gnawed at him, and never, after any period of hunger –

3.11 dieses Zeugnis mußte man ihm ausstellen –
he had to be told –

3.12 hatte er freiwillig den Käfig verlassen.
had he voluntarily left the cage.

Als Höchstzeit für das Hungern hatte der Impresario   3.13
vierzig Tage festgesetzt, darüber hinaus ließ er
niemals hungern, auch in den Weltstädten nicht,
und zwar aus gutem Grund.
The impresario had set forty days as the maximum period
for starvation, and he never allowed him to starve beyond
that, not even in the cosmopolitan cities, and for good
reason.

Vierzig Tage etwa konnte man erfahrungsgemäß   3.14
durch allmählich sich steigernde Reklame das
Interesse einer Stadt immer mehr aufstacheln,
dann aber versagte das Publikum, eine wesentliche
Abnahme des Zuspruchs war festzustellen;
Experience had shown that the interest of a city could be
stimulated for about forty days by gradually increasing
advertising, but then the public failed and there was a
considerable decline in popularity;

es bestanden natürlich in dieser Hinsicht kleine   3.15
Unterschiede zwischen den Städten und Ländern, als
Regel aber galt, daß vierzig Tage die Höchstzeit war.
there were of course small differences between cities and
countries in this respect, but the rule was that forty days
was the maximum time.

Dann also am vierzigsten Tage wurde die Tür des mit   3.16
Blumen umkränzten Käfigs geöffnet,
Then,

eine begeisterte Zuschauerschaft erfüllte das   3.17
Amphitheater,
on the fortieth day,

eine Militärkapelle spielte,   3.18
the door of the cage surrounded by flowers was opened,

124

3.19 zwei Ärzte betraten den Käfig,

an enthusiastic audience filled the amphitheater,

3.20 um die nötigen Messungen am Hungerkünstler vorzunehmen,

a military band played,

3.21 durch ein Megaphon wurden die Resultate dem Saale verkündet,

two doctors entered the cage to take the necessary measurements of the hunger artist,

3.22 und schließlich kamen zwei junge Damen,

the results were announced to the hall through a megaphone,

3.23 glücklich darüber,

and finally two young ladies,

3.24 daß gerade sie ausgelost worden waren,

happy that they had been drawn by lot,

3.25 und wollten den Hungerkünstler aus dem Käfig ein paar Stufen hinabführen,

came and wanted to lead the hunger artist down a few steps from the cage,

3.26 wo auf einem kleinen Tischchen eine sorgfältig ausgewählte Krankenmahlzeit serviert war.

where a carefully selected meal for the sick was served on a small table.

3.27 Und in diesem Augenblick wehrte sich der Hungerkünstler immer.

And at that moment, the hunger artist always resisted.

Zwar legte er noch freiwillig seine Knochenarme in die hilfsbereit ausgestreckten Hände der zu ihm hinabgebeugten Damen, 3.28

Although he voluntarily placed his bony arms in the helpful hands of the ladies bending down to him,

aber aufstehen wollte er nicht. 3.29

he did not want to get up.

Warum gerade jetzt nach vierzig Tagen aufhören? 3.30

Why stop now, after forty days?

Er hätte es noch lange, unbeschränkt lange ausgehalten; 3.31

He could have held out for a long, unlimited time;

warum gerade jetzt aufhören, wo er im besten, ja noch nicht einmal im besten Hungern war? 3.32

why stop now, when he was at his best, not even at his hunger?

Warum wollte man ihn des Ruhmes berauben, weiter zu hungern, nicht nur der größte Hungerkünstler aller Zeiten zu werden, der er ja wahrscheinlich schon war, aber auch noch sich selbst zu übertreffen bis ins Unbegreifliche, denn für seine Fähigkeit zu hungern fühlte er keine Grenzen. 3.33

Why did they want to deprive him of the glory of continuing to starve, not only of becoming the greatest hunger artist of all time, which he probably already was, but also of surpassing himself beyond comprehension, for he felt no limits to his ability to starve.

Warum hatte diese Menge, die ihn so sehr zu bewundern vorgab, so wenig Geduld mit ihm; 3.34

Why did this crowd, which pretended to admire him so much, have so little patience with him;

3.35 wenn er es aushielt, noch weiter zu hungern, warum wollte sie es nicht aushalten?

if he could bear to go on starving, why would they not?

3.36 Auch war er müde, saß gut im Stroh und sollte sich nun hoch und lang aufrichten und zu dem Essen gehn, das ihm schon allein in der Vorstellung Übelkeiten verursachte, deren Äußerung er nur mit Rücksicht auf die Damen mühselig unterdrückte.

He was also tired, sitting well in the straw, and was now supposed to sit up tall and long and go to the food, the very idea of which made him feel nauseous, the expression of which he only suppressed with difficulty out of consideration for the ladies.

3.37 Und er blickte empor in die Augen der scheinbar so freundlichen, in Wirklichkeit so grausamen Damen und schüttelte den auf dem schwachen Halse überschweren Kopf.

And he looked up into the eyes of the seemingly so friendly, in reality so cruel ladies and shook his head, which weighed heavily on his weak neck.

3.38 Aber dann geschah, was immer geschah.

But then what always happened happened.

3.39 Der Impresario kam, hob stumm –

The impresario came and silently –

3.40 die Musik machte das Reden unmöglich –

the music made it impossible to speak –

die Arme über dem Hungerkünstler, so, als lade er   3.41
den Himmel ein, sich sein Werk hier auf dem Stroh
einmal anzusehn, diesen bedauernswerten Märtyrer,
welcher der Hungerkünstler allerdings war, nur in
ganz anderem Sinn;
raised his arms over the hunger artist, as if inviting
heaven to come and see his work here on the straw, this
unfortunate martyr, which the hunger artist was, but in a
completely different sense;

faßte den Hungerkünstler um die dünne Taille,   3.42
wobei er durch übertriebene Vorsicht glaubhaft
machen wollte, mit einem wie gebrechlichen Ding er
es hier zu tun habe;
He grabbed the hunger artist around his thin waist, trying
to make him believe through exaggerated caution that he
was dealing with such a frail thing;

und übergab ihn –   3.43
and handed him over –

nicht ohne ihn im geheimen ein wenig zu schütteln,   3.44
not without secretly shaking him a little,

so daß der Hungerkünstler mit den Beinen und dem   3.45
Oberkörper unbeherrscht hin und her schwankte –
so that the hunger artist swayed back and forth with his
legs and upper body in an unrestrained manner –

den inzwischen totenbleich gewordenen Damen.   3.46
to the ladies, who had meanwhile turned deathly pale.

Nun duldete der Hungerkünstler alles;   3.47
Now the hunger artist tolerated everything;

3.48 der Kopf lag auf der Brust, es war, als sei er hingerollt und halte sich dort unerklärlich;

the head lay on the chest, it was as if it had rolled down and was inexplicably holding itself there;

3.49 der Leib war ausgehöhlt;

the body was hollowed out;

3.50 die Beine drückten sich im Selbsterhaltungstrieb fest in den Knien aneinander, scharrten aber doch den Boden, so, als sei es nicht der wirkliche, den wirklichen suchten sie erst;

the legs pressed firmly together in the knees in the instinct of self-preservation, but still scratched the ground as if it were not the real one, they were only looking for the real one;

3.51 und die ganze, allerdings sehr kleine Last des Körpers lag auf einer der Damen, welche hilfesuchend, mit fliegendem Atem –

and the whole, albeit very small, burden of the body lay on one of the ladies, who, seeking help, with her breath flying –

3.52 so hatte sie sich dieses Ehrenamt nicht vorgestellt –

this was not how she had imagined this honorary office –

zuerst den Hals möglichst streckte, um wenigstens   3.53
das Gesicht vor der Berührung mit dem
Hungerkünstler zu bewahren, dann aber, da ihr
dies nicht gelang und ihre glücklichere Gefährtin ihr
nicht zu Hilfe kam, sondern sich damit begnügte,
zitternd die Hand des Hungerkünstlers, dieses
kleine Knochenbündel, vor sich herzutragen, unter
dem entzückten Gelächter des Saales in Weinen
ausbrach und von einem längst bereitgestellten
Diener abgelöst werden mußte.

first stretched her neck as far as possible to at least save
her face from contact with the hunger artist, but then,
but then, as she did not succeed in doing so and her
more fortunate companion did not come to her aid, but
contented herself with tremblingly carrying the hunger
artist's hand, that little bundle of bones, before her, she
burst into tears amid the delighted laughter of the hall and
had to be relieved by a servant who had long since been
made ready.

Dann kam das Essen, von dem der Impresario dem   3.54
Hungerkünstler während eines ohnmachtähnlichen
Halbschlafes ein wenig einflößte, unter lustigem
Plaudern, das die Aufmerksamkeit vom Zustand des
Hungerkünstlers ablenken sollte;

Then came the food, of which the impresario fed the
hunger artist a little during a faint-like half-sleep, with
amusing chatter intended to distract attention from the
hunger artist's condition;

dann wurde noch ein Trinkspruch auf das Publikum   3.55
ausgebracht,

then a toast was made to the audience,

welcher dem Impresario angeblich vom   3.56
Hungerkünstler zugeflüstert worden war;

which was supposedly whispered to the impresario by the
hunger artist;

3.57 das Orchester bekräftigte alles durch einen großen Tusch, man ging auseinander, und niemand hatte das Recht, mit dem Gesehenen unzufrieden zu sein, niemand, nur der Hungerkünstler, immer nur er.

the orchestra confirmed everything with a great roar, they parted, and no one had the right to be dissatisfied with what they had seen, no one, only the hunger artist, always only he.

4.1 So lebte er mit regelmäßigen kleinen Ruhepausen viele Jahre, in scheinbarem Glanz, von der Welt geehrt, bei alledem aber meist in trüber Laune, die immer noch trüber wurde dadurch, daß niemand sie ernst zu nehmen verstand.

So he lived for many years, with regular short breaks, in apparent splendor, honored by the world, but mostly in a gloomy mood, which was made even gloomier by the fact that no one knew how to take it seriously.

4.2 Womit sollte man ihn auch trösten?

What could one console him with?

4.3 Was blieb ihm zu wünschen übrig?

What was left for him to wish for?

Und wenn sich einmal ein Gutmütiger fand, der ihn bedauerte und ihm erklären wollte, daß seine Traurigkeit wahrscheinlich von dem Hungern käme, konnte es, besonders bei vorgeschrittener Hungerzeit, geschehn, daß der Hungerkünstler mit einem Wutausbruch antwortete und zum Schrecken aller wie ein Tier an dem Gitter zu rütteln begann.

And if a good-natured person came along who pitied him and tried to explain to him that his sadness was probably caused by starvation, it could happen, especially when the hunger period had progressed, that the hunger artist responded with an outburst of rage and began to rattle the bars like an animal, to everyone's horror.

Doch hatte für solche Zustände der Impresario ein Strafmittel,

But the impresario had a means of punishment for such situations,

das er gern anwandte.

which he was happy to use.

Er entschuldigte den Hungerkünstler vor versammeltem Publikum, gab zu, daß nur die durch das Hungern hervorgerufene, für satte Menschen nicht ohne weiteres begreifliche Reizbarkeit das Benehmen des Hungerkünstlers verzeihlich machen könne;

He excused the hunger artist in front of the assembled audience, admitting that only the irritability caused by starvation, which is not readily comprehensible to satiated people, could make the hunger artist's behavior forgivable;

4.8 kam dann im Zusammenhang damit auch
auf die ebenso zu erklärende Behauptung des
Hungerkünstlers zu sprechen, er könnte noch viel
länger hungern, als er hungere;

then, in connection with this, he also spoke of the equally
explainable assertion of the hunger artist that he could
starve much longer than he was starving;

4.9 lobte das hohe Streben, den guten Willen, die
große Selbstverleugnung, die gewiß auch in dieser
Behauptung enthalten seien;

praised the high aspirations, the good will, the great
self-denial, which were certainly also contained in this
assertion;

4.10 suchte dann aber die Behauptung einfach genug
durch Vorzeigen von Photographien, die gleichzeitig
verkauft wurden, zu widerlegen, denn auf den
Bildern sah man den Hungerkünstler an einem
vierzigsten Hungertag, im Bett, fast verlöscht vor
Entkräftung.

but then sought to refute the assertion simply enough by
showing photographs, which were sold at the same time,
because in the pictures one saw the hunger artist on a
fortieth day of hunger, in bed, almost extinguished from
exhaustion.

4.11 Diese dem Hungerkünstler zwar wohlbekannte,
immer aber von neuem ihn entnervende Verdrehung
der Wahrheit war ihm zu viel.

This distortion of the truth, well known to the hunger
artist but always unnerving him anew, was too much for
him.

4.12 Was die Folge der vorzeitigen Beendigung des
Hungerns war, stellte man hier als die Ursache dar!

What was the consequence of the premature cessation of
starvation was presented here as the cause!

Gegen diesen Unverstand, gegen diese Welt des
Unverstandes zu kämpfen, war unmöglich.

4.13

It was impossible to fight against this lack of
understanding, against this world of ignorance.

Noch hatte er immer wieder in gutem Glauben
begierig am Gitter dem Impresario zugehört, beim
Erscheinen der Photographien aber ließ er das
Gitter jedesmal los, sank mit Seufzen ins Stroh
zurück, und das beruhigte Publikum konnte wieder
herankommen und ihn besichtigen.

4.14

Again and again he had listened eagerly in good faith to
the impresario at the grille, but when the photographs
appeared he let go of the grille each time, sank back into
the straw with a sigh, and the pacified audience could
approach again and look at him.

Wenn die Zeugen solcher Szenen ein paar Jahre
später daran zurückdachten,

5.1

When the witnesses of such scenes thought back to them a
few years later,

wurden sie sich oft selbst unverständlich.

5.2

they often became incomprehensible to themselves.

Denn inzwischen war jener erwähnte Umschwung
eingetreten;

5.3

For in the meantime, the aforementioned turnaround had
occurred;

fast plötzlich war das geschehen;

5.4

it had happened almost suddenly;

es mochte tiefere Gründe haben, aber wem lag daran,
sie aufzufinden;

5.5

there may have been deeper reasons, but who cared to find
them;

5.6 jedenfalls sah sich eines Tages der verwöhnte
Hungerkünstler von der vergnügungssüchtigen
Menge verlassen, die lieber zu anderen
Schaustellungen strömte.

in any case, one day the spoiled starving artist found
himself abandoned by the pleasure-seeking crowd, who
preferred to flock to other shows.

5.7 Noch einmal jagte der Impresario mit ihm durch halb
Europa, um zu sehn, ob sich nicht noch hie und da
das alte Interesse wiederfände;

Once again, the impresario chased him through half of
Europe to see if the old interest could be found again here
and there;

5.8 alles vergeblich;

all in vain;

5.9 wie in einem geheimen Einverständnis hatte
sich überall geradezu eine Abneigung gegen das
Schauhungern ausgebildet.

as if by secret agreement, an aversion to show hunger had
developed everywhere.

5.10 Natürlich hatte das in Wirklichkeit nicht plötzlich
so kommen können, und man erinnerte sich jetzt
nachträglich an manche zu ihrer Zeit im Rausch der
Erfolge nicht genügend beachtete, nicht genügend
unterdrückte Vorboten, aber jetzt etwas dagegen zu
unternehmen, war zu spät.

Of course, this could not have happened suddenly, and
people now remembered in retrospect some of the
harbingers that had not been sufficiently heeded or
suppressed in the rush of success, but it was too late to
do anything about it now.

Zwar war es sicher, daß einmal auch für das Hungern wieder die Zeit kommen werde, aber für die Lebenden war das kein Trost.

5.11

It was certain that the time would come again for starvation, but that was no consolation for the living.

Was sollte nun der Hungerkünstler tun?

5.12

What was the hunger artist to do now?

Der, welchen Tausende umjubelt hatten, konnte sich nicht in Schaubuden auf kleinen Jahrmärkten zeigen, und um einen andern Beruf zu ergreifen, war der Hungerkünstler nicht nur zu alt, sondern vor allem dem Hungern allzu fanatisch ergeben.

5.13

He who had been acclaimed by thousands could not show himself in show booths at small fairs, and the hunger artist was not only too old to take up another profession, but above all too fanatically devoted to starvation.

So verabschiedete er denn den Impresario, den Genossen einer Laufbahn ohnegleichen, und ließ sich von einem großen Zirkus engagieren;

5.14

So he said goodbye to the impresario, the comrade of an unparalleled career, and had himself engaged by a large circus;

um seine Empfindlichkeit zu schonen,

5.15

to spare his sensitivities,

sah er die Vertragsbedingungen gar nicht an.

5.16

he did not even look at the terms of the contract.

6.1 Ein großer Zirkus mit seiner Unzahl von einander immer wieder ausgleichenden und ergänzenden Menschen und Tieren und Apparaten kann jeden und zu jeder Zeit gebrauchen, auch einen Hungerkünstler, bei entsprechend bescheidenen Ansprüchen natürlich, und außerdem war es ja in diesem besonderen Fall nicht nur der Hungerkünstler selbst, der engagiert wurde, sondern auch sein alter berühmter Name, ja man konnte bei der Eigenart dieser im zunehmenden Alter nicht abnehmenden Kunst nicht einmal sagen, daß ein ausgedienter, nicht mehr auf der Höhe seines Könnens stehender Künstler sich in einen ruhigen Zirkusposten flüchten wolle,

A large circus, with its myriad of people and animals and apparatus constantly balancing and complementing each other, can use anyone and at any time, even a starving artist, with correspondingly modest demands, of course, and besides, in this particular case it was not only the starving artist himself who was engaged, but also his old famous name, indeed, given the nature of this art, which does not diminish with age, one could not even say that a worn-out artist who was no longer at the top of his game wanted to take refuge in a quiet circus post,

im Gegenteil, der Hungerkünstler versicherte, daß er, 6.2
was durchaus glaubwürdig war, ebensogut hungere
wie früher, ja er behauptete sogar, er werde, wenn
man ihm seinen Willen lasse, und dies versprach
man ihm ohne weiteres, eigentlich erst jetzt die Welt
in berechtigtes Erstaunen setzen, eine Behauptung
allerdings, die mit Rücksicht auf die Zeitstimmung,
welche der Hungerkünstler im Eifer leicht vergaß,
bei den Fachleuten nur ein Lächeln hervorrief.

On the contrary, the hunger artist assured us that he was
just as hungry as before, which was quite credible, and
he even claimed that if he was allowed to have his way,
and this was promised to him without further ado, he
would actually only now astonish the world, a claim which,
however, with regard to the mood of the times, which the
hunger artist easily forgot in his zeal, only evoked a smile
from the experts.

Im Grunde aber verlor auch der Hungerkünstler 7.1
den Blick für die wirklichen Verhältnisse nicht und
nahm es als selbstverständlich hin, daß man ihn mit
seinem Käfig nicht etwa als Glanznummer mitten
in die Manege stellte, sondern draußen an einem im
übrigen recht gut zugänglichen Ort in der Nähe der
Stallungen unterbrachte.

Basically, however, even the hunger artist did not lose sight
of the real situation and took it for granted that he and his
cage were not placed in the middle of the circus ring as a
showpiece, but outside in an otherwise easily accessible
place near the stables.

Große, bunt gemalte Aufschriften umrahmten den 7.2
Käfig und verkündeten, was dort zu sehen war.

Large, colorfully painted signs framed the cage and
announced what was to be seen there.

7.3 Wenn das Publikum in den Pausen der Vorstellung zu den Ställen drängte, um die Tiere zu besichtigen, war es fast unvermeidlich, daß es beim Hungerkünstler vorüberkam und ein wenig dort haltmachte, man wäre vielleicht länger bei ihm geblieben, wenn nicht in dem schmalen Gang die Nachdrängenden, welche diesen Aufenthalt auf dem Weg zu den ersehnten Ställen nicht verstanden, eine längere ruhige Betrachtung unmöglich gemacht hätten.

When the audience rushed to the stables to view the animals during the breaks in the performance, it was almost inevitable that they would pass by the hunger artist and stop for a while; they might have stayed with him longer if it hadn't been for the crowds in the narrow corridor, who didn't understand this stop on their way to the longed-for stables, making it impossible for them to watch him in peace for any length of time.

7.4 Dieses war auch der Grund, warum der Hungerkünstler vor diesen Besuchszeiten, die er als seinen Lebenszweck natürlich herbeiwünschte, doch auch wieder zitterte.

This was also the reason why the hunger artist trembled again before these visiting times, which he naturally longed for as his purpose in life.

7.5 In der ersten Zeit hatte er die Vorstellungspausen kaum erwarten können;

At first he had hardly been able to wait for the breaks in the performances;

7.6 entzückt hatte er der sich heranwälzenden Menge entgegengesehn,

he had gazed enraptured at the approaching crowd,

7.7 bis er sich nur zu bald – auch die hartnäckigste,

until all too soon – even the most stubborn,

fast bewußte Selbsttäuschung hielt den Erfahrungen nicht stand –

almost conscious self-delusion could not withstand the experience –

7.8

davon überzeugte, daß es zumeist der Absicht nach, immer wieder, ausnahmslos, lauter Stallbesucher waren.

he became convinced that they were mostly, for the most part, according to intention, again and again, without exception, all visitors to the stables.

7.9

Und dieser Anblick von der Ferne blieb noch immer der schönste.

And this view from afar was still the most beautiful.

7.10

Denn wenn sie bis zu ihm herangekommen waren, umtobte ihn sofort Geschrei und Schimpfen der ununterbrochen neu sich bildenden Parteien, jener, welche –

For as soon as they came up to him, he was immediately surrounded by the shouting and scolding of the parties that were constantly forming, the one –

7.11

sie wurde dem Hungerkünstler bald die peinlichere –

which soon became the more embarrassing for the hunger artist –

7.12

ihn bequem ansehen wollte, nicht etwa aus Verständnis, sondern aus Laune und Trotz, und jener zweiten, die zunächst nur nach den Ställen verlangte.

that wanted to look at him comfortably, not out of understanding, but out of whim and defiance, and the second, which at first only wanted to see the stables.

7.13

7.14 War der große Haufe vorüber, dann kamen die Nachzügler, und diese allerdings, denen es nicht mehr verwehrt war, stehenzubleiben, solange sie nur Lust hatten, eilten mit langen Schritten, fast ohne Seitenblick, vorüber, um rechtzeitig zu den Tieren zu kommen.

Once the big bunch had passed, the stragglers came, and these, however, who were no longer prevented from stopping as long as they felt like it, hurried past with long strides, almost without a sideways glance, in order to get to the animals in time.

7.15 Und es war kein allzu häufiger Glücksfall, daß ein Familienvater mit seinen Kindern kam, mit dem Finger auf den Hungerkünstler zeigte, ausführlich erklärte, um was es sich hier handelte, von früheren Jahren erzählte, wo er bei ähnlichen, aber unvergleichlich großartigeren Vorführungen gewesen war, und dann die Kinder, wegen ihrer ungenügenden Vorbereitung von Schule und Leben her, zwar immer noch verständnislos blieben –

And it was not a very frequent stroke of luck that a father of a family came with his children, pointed his finger at the hunger artist, explained in detail what this was all about, told of earlier years when he had been at similar but incomparably more magnificent performances, and then the children, because of their inadequate preparation from school and life, still remained uncomprehending –

7.16 was war ihnen Hungern?

what was hunger to them?

7.17 – aber doch in dem Glanz ihrer forschenden Augen etwas von neuen, kommenden, gnädigeren Zeiten verrieten.

– but in the gleam of their inquiring eyes they revealed something of new, more gracious times to come.

Vielleicht, so sagte sich der Hungerkünstler dann manchmal, würde alles doch ein wenig besser werden, wenn sein Standort nicht gar so nahe bei den Ställen wäre.

7.18

Perhaps, the hunger artist sometimes said to himself, things would be a little better if his location wasn't so close to the stables.

Den Leuten wurde dadurch die Wahl zu leicht gemacht, nicht zu reden davon, daß ihn die Ausdünstungen der Ställe, die Unruhe der Tiere in der Nacht, das Vorübertragen der rohen Fleischstücke für die Raubtiere, die Schreie bei der Fütterung sehr verletzten und dauernd bedrückten.

7.19

This made the choice too easy for the people, not to mention the fact that the fumes from the stables, the restlessness of the animals at night, the carrying of the raw pieces of meat for the predators, the screams during feeding were very annoying and constantly depressed him.

Aber bei der Direktion vorstellig zu werden, wagte er nicht;

7.20

But he did not dare to approach the management;

immerhin verdankte er ja den Tieren die Menge der Besucher, unter denen sich hie und da auch ein für ihn Bestimmter finden konnte, und wer wußte, wohin man ihn verstecken würde, wenn er an seine Existenz erinnern wollte und damit auch daran, daß er, genau genommen, nur ein Hindernis auf dem Wege zu den Ställen war.

7.21

after all, he owed the crowd of visitors to the animals, among whom there might be one destined for him here and there, and who knew where they would hide him if he wanted to remind them of his existence and thus also of the fact that he was, strictly speaking, only an obstacle on the way to the stables.

8.1 **Ein kleines Hindernis allerdings, ein immer kleiner werdendes Hindernis.**

A small obstacle, however, an ever smaller obstacle.

8.2 **Man gewöhnte sich an die Sonderbarkeit, in den heutigen Zeiten Aufmerksamkeit für einen Hungerkünstler beanspruchen zu wollen, und mit dieser Gewöhnung war das Urteil über ihn gesprochen.**

People became accustomed to the oddity of wanting to claim attention for a starving artist in this day and age, and this acclimatization was the verdict on him.

8.3 **Er mochte so gut hungern, als er nur konnte, und er tat es, aber nichts konnte ihn mehr retten, man ging an ihm vorüber.**

He might starve as well as he could, and he did, but nothing could save him, he was passed by.

8.4 **Versuche, jemandem die Hungerkunst zu erklären!**

Try to explain the art of hunger to someone!

8.5 **Wer es nicht fühlt, dem kann man es nicht begreiflich machen.**

You can't explain it to someone who doesn't feel it.

8.6 **Die schönen Aufschriften wurden schmutzig und unleserlich, man riß sie herunter, niemandem fiel es ein, sie zu ersetzen;**

The beautiful inscriptions became dirty and illegible, they were torn down and no one thought of replacing them;

das Täfelchen mit der Ziffer der abgeleisteten 8.7
Hungertage, das in der ersten Zeit sorgfältig täglich
erneut worden war, blieb schon längst immer das
gleiche, denn nach den ersten Wochen war das
Personal selbst dieser kleinen Arbeit überdrüssig
geworden;

the little board with the number of hunger days completed,
which had been carefully renewed every day in the early
days, had long since remained the same, because after the
first few weeks the staff had grown tired of even this small
task;

und so hungerte zwar der Hungerkünstler weiter, 8.8
wie er es früher einmal erträumt hatte, und es
gelang ihm ohne Mühe ganz so, wie er es damals
vorausgesagt hatte, aber niemand zählte die Tage,
niemand, nicht einmal der Hungerkünstler selbst
wußte, wie groß die Leistung schon war, und sein
Herz wurde schwer.

and so the hunger artist continued to starve, as he had once
dreamed of doing, and he succeeded without difficulty,
just as he had predicted at the time, but no one counted the
days, no one, not even the hunger artist himself, knew how
great the achievement had already been, and his heart grew
heavy.

8.9 Und wenn einmal in der Zeit ein Müßiggänger stehenblieb, sich über die alte Ziffer lustig machte und von Schwindel sprach, so war das in diesem Sinn die dümmste Lüge, welche Gleichgültigkeit und eingeborene Bösartigkeit erfinden konnte, denn nicht der Hungerkünstler betrog, er arbeitete ehrlich, aber die Welt betrog ihn um seinen Lohn.

And if once in time an idler stopped, made fun of the old number and spoke of fraud, that was in this sense the stupidest lie that indifference and innate malice could invent, for it was not the hunger artist who cheated, he worked honestly, but the world cheated him out of his wages.

9.1 Doch vergingen wieder viele Tage, und auch das nahm ein Ende.

But many days passed again, and that too came to an end.

9.2 Einmal fiel einem Aufseher der Käfig auf, und er fragte die Diener, warum man hier diesen gut brauchbaren Käfig mit dem verfaulten Stroh drinnen unbenutzt stehenlasse;

Once, an overseer noticed the cage and asked the servants why they had left this perfectly usable cage with the rotten straw inside unused;

9.3 niemand wußte es, bis sich einer mit Hilfe der Ziffertafel an den Hungerkünstler erinnerte.

no one knew until someone remembered the hunger artist with the help of the number board.

9.4 Man rührte mit Stangen das Stroh auf und fand den Hungerkünstler darin.

They stirred up the straw with sticks and found the hunger artist inside.

»Du hungerst noch immer?« fragte der Aufseher,

9.5

"You're still starving?" asked the overseer,

»wann wirst du denn endlich aufhören?«

9.6

"when are you going to stop?"

»Verzeiht mir alle«, flüsterte der Hungerkünstler;

9.7

"Forgive me, everyone", whispered the hunger artist;

nur der Aufseher, der das Ohr ans Gitter hielt, verstand ihn.

9.8

only the overseer, who had his ear to the bars, understood him.

»Gewiß«, sagte der Aufseher und legte den Finger an die Stirn, um damit den Zustand des Hungerkünstlers dem Personal anzudeuten,

9.9

"Certainly", said the warden, putting his finger to his forehead to indicate the hunger artist's condition to the staff,

»wir verzeihen dir.«

9.10

"we forgive you."

»Immerfort wollte ich, daß ihr mein Hungern bewundert«, sagte der Hungerkünstler.

9.11

"I always wanted you to admire my hunger", said the hunger artist.

»Wir bewundern es auch«,

9.12

"We admire it too",

sagte der Aufseher entgegenkommend.

9.13

said the attendant obligingly.

»Ihr solltet es aber nicht bewundern«,

9.14

"But you shouldn't admire it",

9.15 **sagte der Hungerkünstler.**
said the hunger artist.

9.16 **»Nun, dann bewundern wir es also nicht«, sagte der Aufseher,**
"Well, then we don't admire it", said the overseer,

9.17 **»warum sollen wir es denn nicht bewundern?«**
"why shouldn't we admire it?"

9.18 **»Weil ich hungern muß, ich kann nicht anders«, sagte der Hungerkünstler.**
"Because I have to starve, I can't help it", said the hunger artist.

9.19 **»Da sieh mal einer«, sagte der Aufseher,**
"Look here", said the overseer,

9.20 **»warum kannst du denn nicht anders?«**
"why can't you help it?"

9.21 **»Weil ich«, sagte der Hungerkünstler, hob das Köpfchen ein wenig und sprach mit wie zum Kuß gespitzten Lippen gerade in das Ohr des Aufsehers hinein, damit nichts verlorenginge,**
"Because", said the hunger artist, raising his head a little and speaking straight into the overseer's ear with his lips pursed as if to kiss him, so that nothing would be lost,

9.22 **»weil ich nicht die Speise finden konnte, die mir schmeckt.**
"because I couldn't find the food I like.

9.23 **Hätte ich sie gefunden, glaube mir, ich hätte kein Aufsehen gemacht und mich vollgegessen wie du und alle.«**
If I had found it, believe me, I would not have made a fuss and would have gorged myself like you and everyone else."

Das waren die letzten Worte, aber noch in seinen gebrochenen Augen war die feste, wenn auch nicht mehr stolze Überzeugung, daß er weiterhungere. 9.24

Those were the last words, but still in his broken eyes was the firm, if no longer proud, conviction that he was still starving.

»Nun macht aber Ordnung«, sagte der Aufseher, und man begrub den Hungerkünstler samt dem Stroh. 10.1

"Now tidy up", said the warden, and the hunger artist was buried together with the straw.

In den Käfig aber gab man einen jungen Panther. 10.2

But a young panther was placed in the cage.

Es war eine selbst dem stumpfsten Sinn fühlbare Erholung, in dem so lange öden Käfig dieses wilde Tier sich herumwerfen zu sehn. 10.3

Even the dullest of senses found it a palpable relief to see this wild animal tossing about in a cage that had been barren for so long.

Ihm fehlte nichts. 10.4

He wanted for nothing.

Die Nahrung, die ihm schmeckte, brachten ihm ohne langes Nachdenken die Wächter; 10.5

The food he liked was brought to him by the guards without much thought;

nicht einmal die Freiheit schien er zu vermissen; 10.6

he did not even seem to miss his freedom;

10.7 **dieser edle, mit allem Nötigen bis knapp zum Zerreißen ausgestattete Körper schien auch die Freiheit mit sich herumzutragen;**

this noble body, equipped with everything necessary to the point of tearing, also seemed to carry freedom with it;

10.8 **irgendwo im Gebiß schien sie zu stecken;**

somewhere in its teeth it seemed to be stuck;

10.9 **und die Freude am Leben kam mit derart starker Glut aus seinem Rachen, daß es für die Zuschauer nicht leicht war, ihr standzuhalten.**

and the joy of life came out of its throat with such a strong glow that it was not easy for the spectators to withstand it.

10.10 **Aber sie überwanden sich,**

But they overcame themselves,

10.11 **umdrängten den Käfig und wollten sich gar nicht fortrühren.**

crowded around the cage and refused to budge.

Der Kübelreiter
The Bucket Rider

1.1 Verbraucht alle Kohle; leer der Kübel; sinnlos die Schaufel;
All the coal used up; the bucket empty; the shovel useless;

1.2 Kälte atmend der Ofen; das Zimmer vollgeblasen von Frost;
the stove breathing cold; the room blown full of frost;

1.3 vor dem Fenster Bäume starr im Reif;
outside the window trees frozen in frost;

1.4 der Himmel, ein silberner Schild gegen den, der von ihm Hilfe will.
the sky, a silver shield against those who want help from it.

1.5 Ich muß Kohle haben; ich darf doch nicht erfrieren;
I must have coal; I must not freeze to death;

hinter mir der erbarmungslose Ofen, vor mir der   1.6
Himmel ebenso, infolgedessen muß ich scharf
zwischendurch reiten und in der Mitte beim
Kohlenhändler Hilfe suchen.

behind me the merciless stove, in front of me the sky as
well, consequently I must ride sharply in between and seek
help from the coal merchant in the middle.

Gegen meine gewöhnlichen Bitten aber ist er schon   1.7
abgestumpft;

But he is already numb to my usual pleas;

ich muß ihm ganz genau nachweisen, daß ich kein   1.8
einziges Kohlenstäubchen mehr habe und daß er
daher für mich geradezu die Sonne am Firmament
bedeutet.

I have to prove to him quite clearly that I have not a single
coal dust left and that he is therefore virtually the sun in
the firmament for me.

Ich muß kommen wie der Bettler, der röchelnd vor   1.9
Hunger an der Türschwelle verenden will und dem
deshalb die Herrschaftsköchin den Bodensatz des
letzten Kaffees einzuflößen sich entscheidet;

I must come like the beggar who, gasping with hunger,
wants to die on the doorstep and to whom the master's cook
therefore decides to pour the dregs of the last coffee;

ebenso muß mir der Händler, wütend, aber unter   1.10
dem Strahl des Gebotes

in the same way the merchant, furious but under the ray of
the commandment

«Du sollst nicht töten!»   1.11

"Thou shalt not kill!"

1.12 eine Schaufel voll in den Kübel schleudern.
must hurl a shovelful into my bucket.

2.1 Meine Auffahrt schon muß es entscheiden;
My ascent must already decide it;

2.2 ich reite deshalb auf dem Kübel hin.
I therefore ride there on the bucket.

2.3 Als Kübelreiter, die Hand oben am Griff, dem
einfachsten Zaumzeug, drehe ich mich beschwerlich
die Treppe hinab;
As a bucket rider, my hand on the handle, the simplest
bridle, I turn down the stairs with difficulty;

2.4 unten aber steigt mein Kübel auf, prächtig, prächtig;
but at the bottom my bucket rises, splendidly, splendidly;

2.5 Kamele, niedrig am Boden hingelagert, steigen,
sich schüttelnd unter dem Stock des Führers, nicht
schöner auf.
camels, lying low on the ground, do not rise more
beautifully, shaking themselves under the handler's stick.

2.6 Durch die festgefrorene Gasse geht es in
ebenmäßigem Trab;
I trot evenly through the frozen alley;

2.7 oft werde ich bis zur Höhe der ersten Stockwerke
gehoben;
I am often lifted up to the height of the second floors;

2.8 niemals sinke ich bis zur Haustüre hinab.
I never sink down to the front door.

Und außergewöhnlich hoch schwebe ich vor dem Kellergewölbe des Händlers,   2.9
And I hover exceptionally high in front of the merchant's cellar vault,

in dem er tief unten an seinem Tischchen kauert und schreibt;   2.10
where he is crouched at his little table writing;

um die übergroße Hitze abzulassen, hat er die Tür geöffnet.   2.11
he has opened the door to let out the excessive heat.

«Kohlenhändler!»   3.1
"Coal merchant!"

rufe ich mit vor Kälte hohlgebrannter Stimme, in Rauchwolken des Atems gehüllt,   3.2
I call out in a voice hollow with cold, wrapped in clouds of smoky breath,

«bitte, Kohlenhändler, gib mir ein wenig Kohle.   3.3
"please, coal merchant, give me some coal.

Mein Kübel ist schon so leer, daß ich auf ihm reiten kann.   3.4
My bucket is already so empty that I can ride on it.

Sei so gut. Sobald ich kann, bezahle ich's.»   3.5
Be so good. I'll pay you as soon as I can."

Der Händler legt die Hand ans Ohr.   4.1
The merchant puts his hand to his ear.

«Hör ich recht?»   4.2
"Do I hear you right?"

4.3 fragte er über die Schulter weg seine Frau, die auf der Ofenbank strickt,

he asked over his shoulder to his wife, who was knitting on the stove bench,

4.4 «hör ich recht? Eine Kundschaft.»

"do I hear you right? A customer."

5.1 «Ich höre gar nichts», sagt die Frau, ruhig aus - und einatmend über den Stricknadeln, wohlig im Rücken gewärmt.

"I can't hear anything", says the woman, quietly breathing in and out over the knitting needles, her back comfortably warmed.

6.1 «O ja», rufe ich, «ich bin es; eine alte Kundschaft;

"Oh yes", I shout, "it's me; an old customer;

6.2 treu ergeben; nur augenblicklich mittellos.»

loyal; just momentarily penniless."

7.1 «Frau», sagt der Händler, «es ist, es ist jemand;

"Woman", says the merchant, "it is, it is someone;

7.2 so sehr kann ich mich doch nicht täuschen;

I cannot be so much mistaken;

7.3 eine alte, eine sehr alte Kundschaft muß es sein, die mir so zum Herzen zu sprechen weiß.»

it must be an old, a very old customer who knows how to speak to my heart like that."

8.1 «Was hast du, Mann?»

"What's the matter, man?"

sagte die Frau und drückt, einen Augenblick
ausruhend, die Handarbeit an die Brust,

8.2

said the woman, resting for a moment and pressing her
handiwork to her chest,

«niemand ist es, die Gasse ist leer, alle unsere
Kundschaft ist versorgt;

8.3

"there's no one, the alley is empty, all our customers are
taken care of;

wir können für Tage das Geschäft sperren und
ausruhn.»

8.4

we can close the store for days and rest."

«Aber ich sitze doch hier auf dem Kübel», rufe ich
und gefühllose Tränen der Kälte verschleiern mir die
Augen,

9.1

"But I'm sitting here on the bucket", I shout and numb
tears of cold cover my eyes,

«bitte seht doch herauf; Ihr werdet mich gleich
entdecken;

9.2

"please look up; you'll see me in a moment;

um eine Schaufel voll bitte ich; und gebt Ihr zwei,

9.3

I'll ask for a shovelful; and if you give me two,

macht Ihr mich überglücklich.

9.4

you'll make me overjoyed.

Es ist doch schon alle übrige Kundschaft versorgt.
Ach,

9.5

All the rest of the customers are already taken care of. Oh,

hörte ich es doch schon in dem Kübel klappern!»

9.6

I can already hear it rattling in the bucket!"

10.1 «Ich komme» sagt der Händler und kurzbeinig will er die Kellertreppe emporsteigen, aber die Frau ist schon bei ihm, hält ihn beim Arm fest und sagt:

"I'm coming", says the merchant and, short-legged, he wants to climb up the cellar stairs, but the woman is already with him, holds him by the arm and says:

10.2 «Du bleibst. Läßt du von deinem Eigensinn nicht ab,

"You stay. If you don't let go of your stubbornness,

10.3 so gehe ich hinauf.

I'll go up.

10.4 Erinnere dich an deinen schweren Husten heute nacht.

Remember your heavy cough tonight.

10.5 Aber für ein Geschäft und sei es auch nur ein eingebildetes,

But you will forget your wife and child and sacrifice your lungs for a deal,

10.6 vergißt du Frau und Kind und opferst deine Lungen. Ich gehe.»

even if it is only an imaginary one. I am going."

11.1 «Dann nenn ihm aber alle Sorten, die wir auf Lager haben;

"But then tell him all the varieties we have in stock;

11.2 die Preise rufe ich dir nach.»

I'll call you with the prices."

12.1 «Gut», sagt die Frau und steigt zur Gasse auf.

"Good", says the woman and climbs up to the alley.

Natürlich sieht sie mich gleich. 12.2
Of course she sees me straight away.

«Frau Kohlenhändlerin», rufe ich, «ergebenen Gruß; 12.3
"Mrs. Coal Merchant", I call out, "a humble greeting;

nur eine Schaufel Kohle; gleich hier in den Kübel; 12.4
just a shovel of coal; right here in the bucket;

ich führe sie selbst nach Hause; 12.5
I'll take it home myself;

eine Schaufel von der schlechtesten. 12.6
a shovel of the worst.

Ich bezahle sie natürlich voll, aber nicht gleich, nicht 12.7
gleich.»
I'll pay for it in full, of course, but not right away, not right
away."

Was für ein Glockenklang sind die zwei Worte «nicht 12.8
gleich»
What a bell sound the two words "not right away"

und wie sinnverwirrend mischen sie sich mit dem 12.9
Abendläuten, das eben vom nahen Kirchturm zu
hören ist!
make and how confusingly they mingle with the evening
chimes that can just be heard from the nearby church
tower!

«Was will er also haben?» ruft der Händler. 13.1
"So what does he want?" shouts the shopkeeper.

«Nichts», ruft die Frau zurück, «es ist ja nichts; 13.2
"Nothing", the woman calls back, "it's nothing;

13.3 ich sehe nichts, ich höre nichts;
I see nothing, I hear nothing;

13.4 nur sechs Uhr läutet es und wir schließen.
only six o'clock rings and we close.

13.5 Ungeheuer ist die Kälte;
The cold is terrible;

13.6 morgen werden wir wahrscheinlich noch viel Arbeit haben.»
we'll probably have a lot of work tomorrow. "

14.1 Sie sieht nichts und hört nichts; aber dennoch löst sie das Schürzenband und versucht mich mit der Schürze fortzuwehen.
She sees nothing and hears nothing, but she loosens the apron string and tries to blow me away with the apron.

14.2 Leider gelingt es.
Unfortunately, she succeeds.

14.3 Alle Vorzüge eines guten Reittieres hat mein Kübel;
My bucket has all the advantages of a good mount;

14.4 Widerstandskraft hat er nicht; zu leicht ist er;
it has no resistance; it is too light;

14.5 eine Frauenschürze jagt ihm die Beine vom Boden.
a woman's apron chases its legs off the ground.

«Du Böse», rufe ich noch zurück, während sie, zum 15.1
Geschäft sich wendend, halb verächtlich, halb
befriedigt mit der Hand in die Luft schlägt,
"You evil one", I shout back, while she, turning to the store,
punches the air with her hand half contemptuously, half
with satisfaction,

«du Böse! 15.2
"you evil one!

Um eine Schaufel von der schlechtesten habe ich 15.3
gebeten und du hast sie mir nicht gegeben.»
I asked for a shovel of the worst and you didn't give it to
me."

Und damit steige ich in die Regionen der Eisgebirge 15.4
und verliere mich auf Nimmerwiedersehen.
And with that I descend into the regions of the ice
mountains and lose myself never to be seen again.

Nachts

At Night

1.1 **Versunken in die Nacht.**
Immersed in the night.

1.2 **So wie man manchmal den Kopf senkt, um nachzudenken, so ganz versunken sein in die Nacht.**
Just as you sometimes lower your head to think, to be completely absorbed in the night.

1.3 **Ringsum schlafen die Menschen. Eine kleine Schauspielerei,**
All around, people are asleep. A little show,

1.4 **eine unschuldige Selbsttäuschung, daß sie in Häusern schlafen,**
an innocent self-deception, that they sleep in houses,

1.5 **in festen Betten, unter festem Dach,**
in firm beds, under a firm roof,

1.6 **ausgestreckt oder geduckt auf Matratzen, in Tüchern,**
stretched out or crouched on mattresses, in sheets,

1.7 **unter Decken,**
under blankets,

in Wirklichkeit haben sie sich zusammengefunden   1.8
wie damals einmal und wie später in wüster Gegend,
in reality they have come together as they once did and as
they did later in a desolate region,

ein Lager im Freien, eine unübersehbare Zahl   1.9
Menschen,
a camp in the open, an immense number of people,

ein Heer, ein Volk, unter kaltem Himmel auf kalter   1.10
Erde,
an army, a nation, under a cold sky on cold earth,

hingeworfen wo man früher stand,   1.11
thrown down where they used to stand,

die Stirn auf den Arm gedrückt,   1.12
their foreheads pressed against their arms,

das Gesicht gegen den Boden hin, ruhig atmend.   1.13
their faces against the ground, breathing calmly.

Und du wachst, bist einer der Wächter, findest den   1.14
nächsten durch Schwenken des brennenden Holzes
aus dem Reisighaufen neben dir.
And you are awake, you are one of the guards, you find the
next one by waving the burning wood from the brushwood
pile next to you.

Warum wachst du? Einer muß wachen, heißt es.   1.15
Why are you watching? Someone has to watch, they say.

Einer muß da sein.   1.16
Someone has to be there.

Das Schweigen der Sirenen

The Silence of the Sirens

1.1 Beweis dessen, daß auch unzulängliche, ja kindische
Mittel zur Rettung dienen können:

Proof that even inadequate, even childish means can serve
to save us:

2.1 Um sich vor den Sirenen zu bewahren,

To protect himself from the sirens,

2.2 stopfte sich Odysseus Wachs in die Ohren und ließ
sich am Mast festschmieden.

Odysseus stuffed wax into his ears and had himself forged
to the mast.

2.3 Ähnliches hätten natürlich seit jeher alle Reisenden
tun können, außer denen, welche die Sirenen schon
aus der Ferne verlockten, aber es war in der ganzen
Welt bekannt, daß dies unmöglich helfen konnte.

Of course, all travelers could have done something similar
from time immemorial, except those whom the sirens
tempted from afar, but it was known throughout the world
that this could not possibly help.

2.4 Der Sang der Sirenen durchdrang alles,

The sirens' song penetrated everything,

und die Leidenschaft der Verführten hätte mehr als Ketten und Mast gesprengt. 2.5
and the passion of the seduced would have broken more than chains and masts.

Daran aber dachte Odysseus nicht, 2.6
But Odysseus did not think of that,

obwohl er davon vielleicht gehört hatte. 2.7
although he might have heard of it.

Er vertraute vollständig der Handvoll Wachs und dem Gebinde Ketten und in unschuldiger Freude über seine Mittelchen fuhr er den Sirenen entgegen. 2.8
He put his complete trust in the handful of wax and the bundle of chains, and in innocent joy at his little remedy he sailed towards the sirens.

Nun haben aber die Sirenen eine noch schrecklichere Waffe als den Gesang, 3.1
But the sirens have an even more terrible weapon than their song,

nämlich ihr Schweigen. 3.2
namely their silence.

Es ist zwar nicht geschehen, aber vielleicht denkbar, daß sich jemand vor ihrem Gesang gerettet hätte, vor ihrem Schweigen gewiß nicht. 3.3
Although it has not happened, it is perhaps conceivable that someone would have saved themselves from their song, but certainly not from their silence.

164

3.4 Dem Gefühl, aus eigener Kraft sie besiegt zu haben, der daraus folgenden alles fortreißenden Überhebung kann nichts Irdisches widerstehen.

Nothing earthly can resist the feeling of having defeated them by their own power, the all-consuming exaltation that follows.

4.1 Und tatsächlich sangen, als Odysseus kam, die gewaltigen Sängerinnen nicht, sei es, daß sie glaubten, diesem Gegner könne nur noch das Schweigen beikommen, sei es, daß der Anblick der Glückseligkeit im Gesicht des Odysseus, der an nichts anderes als an Wachs und Ketten dachte, sie allen Gesang vergessen ließ.

And indeed, when Odysseus arrived, the mighty singers did not sing, whether it was because they believed that only silence could still deal with this opponent, or because the sight of bliss in the face of Odysseus, who thought of nothing but wax and chains, made them forget all singing.

5.1 Odysseus aber, um es so auszudrücken, hörte ihr Schweigen nicht, er glaubte, sie sängen, und nur er sei behütet, es zu hören.

But Odysseus, to put it this way, did not hear their silence, he believed they were singing and only he was protected from hearing it.

5.2 Flüchtig sah er zuerst die Wendungen ihrer Hälse, das tiefe Atmen, die tränenvollen Augen, den halb geöffneten Mund, glaubte aber, dies gehöre zu den Arien, die ungehört um ihn verklangen.

At first he fleetingly saw the twisting of their necks, the deep breathing, the tearful eyes, the half-open mouths, but believed that this was part of the arias that were fading unheard around him.

Bald aber glitt alles an seinen in die Ferne gerichteten   5.3
Blicken ab, die Sirenen verschwanden förmlich vor
seiner Entschlossenheit, und gerade als er ihnen am
nächsten war, wußte er nichts mehr von ihnen.
Soon, however, everything slipped away from his
distant gaze, the sirens literally disappeared before his
determination, and just when he was closest to them, he
knew nothing more of them.

Sie aber – schöner als jemals – streckten und drehten   6.1
sich,
But they – more beautiful than ever – stretched and turned,

ließen das schaurige Haar offen im Winde wehen und   6.2
spannten die Krallen frei auf den Felsen.
let their scary hair blow open in the wind and stretched
their claws freely on the rocks.

Sie wollten nicht mehr verführen,   6.3
They no longer wanted to seduce,

nur noch den Abglanz vom großen Augenpaar des   6.4
Odysseus wollten sie so lange als möglich erhaschen.
they only wanted to catch the reflection of Odysseus' large
pair of eyes for as long as possible.

Hätten die Sirenen Bewußtsein,   7.1
If the sirens had consciousness,

sie wären damals vernichtet worden.   7.2
they would have been destroyed then.

So aber blieben sie, nur Odysseus ist ihnen   7.3
entgangen.
But as it is, they remained, only Odysseus escaped them.

8.1 Es wird übrigens noch ein Anhang hierzu überliefert.

Incidentally, an appendix is also handed down.

8.2 Odysseus, sagt man, war so listenreich, war ein solcher Fuchs, daß selbst die Schicksalsgöttin nicht in sein Innerstes dringen konnte.

Odysseus, it is said, was so cunning, was such a fox, that even the goddess of fate could not penetrate his innermost being.

8.3 Vielleicht hat er, obwohl das mit Menschenverstand nicht mehr zu begreifen ist, wirklich gemerkt, daß die Sirenen schwiegen, und hat ihnen und den Göttern den obigen Scheinvorgang nur gewissermaßen als Schild entgegengehalten.

Perhaps, although this is beyond human comprehension, he really did realize that the Sirens were silent, and only held up the above-mentioned illusory process to them and the gods as a kind of shield.

Die Sorge des Hausvaters

The Care of the Father of the House

1.1 Die einen sagen, das Wort Odradek stamme aus dem Slawischen und sie suchen auf Grund dessen die Bildung des Wortes nachzuweisen.

Some say that the word Odradek comes from Slavic and try to prove the formation of the word on this basis.

1.2 Andere wieder meinen, es stamme aus dem Deutschen, vom Slawischen sei es nur beeinflußt.

Others believe that it comes from German and was only influenced by Slavic.

1.3 Die Unsicherheit beider Deutungen aber läßt wohl mit Recht darauf schließen, daß keine zutrifft, zumal man auch mit keiner von ihnen einen Sinn des Wortes finden kann.

The uncertainty of both interpretations, however, leads to the conclusion that neither is correct, especially as none of them can provide a meaning for the word.

Natürlich würde sich niemand mit solchen Studien   2.1
beschäftigen, wenn es nicht wirklich ein Wesen gäbe,
das Odradek heißt.
Of course, no one would bother with such studies if there
really wasn't a creature called Odradek.

Es sieht zunächst aus wie eine flache sternartige   2.2
Zwirnspule, und tatsächlich scheint es auch mit
Zwirn bezogen;
At first it looks like a flat, star-like spool of twine, and it
does indeed appear to be covered with twine;

allerdings dürften es nur abgerissene, alte,   2.3
aneinandergeknotete, aber auch ineinanderverfilzte
Zwirnstücke von verschiedenster Art und Farbe sein.
however, it is probably just torn, old pieces of twine of
various types and colors, knotted together and matted into
each other.

Es ist aber nicht nur eine Spule, sondern aus der   2.4
Mitte des Sternes kommt ein kleines Querstäbchen
hervor und an dieses Stäbchen fügt sich dann im
rechten Winkel noch eines.
However, it is not just a coil, but a small crossbar comes out
of the center of the star and then another one is attached to
this bar at a right angle.

Mit Hilfe dieses letzteren Stäbchens auf der einen   2.5
Seite, und einer der Ausstrahlungen des Sternes
auf der anderen Seite, kann das Ganze wie auf zwei
Beinen aufrecht stehen.
With the help of this latter rod on one side and one of the
star's emanations on the other side, the whole thing can
stand upright as if on two legs.

3.1 Man wäre versucht zu glauben, dieses Gebilde hätte früher irgendeine zweckmäßige Form gehabt und jetzt sei es nur zerbrochen.

One would be tempted to believe that this structure once had some kind of purposeful form and that it is now only broken.

3.2 Dies scheint aber nicht der Fall zu sein;

However, this does not seem to be the case;

3.3 wenigstens findet sich kein Anzeichen dafür;

at least there is no sign of it;

3.4 nirgends sind Ansätze oder Bruchstellen zu sehen, die auf etwas Derartiges hinweisen würden;

nowhere are there any signs or fractures that would indicate anything of the sort;

3.5 das Ganze erscheint zwar sinnlos,

the whole thing seems pointless,

3.6 aber in seiner Art abgeschlossen.

but complete in its own way.

3.7 Näheres läßt sich übrigens nicht darüber sagen, da Odradek außerordentlich beweglich und nicht zu fangen ist.

Incidentally, it is not possible to say anything more about it, as Odradek is extremely mobile and cannot be caught.

4.1 Er hält sich abwechselnd auf dem Dachboden, im Treppenhaus, auf den Gängen, im Flur auf.

He alternates between the attic, the stairwell, the corridors and the hallway.

Manchmal ist er monatelang nicht zu sehen; da ist 4.2
er wohl in andere Häuser übersiedelt; doch kehrt er
dann unweigerlich wieder in unser Haus zurück.
Sometimes he is not to be seen for months; he has probably
moved to other houses, but then he inevitably returns to
our house.

Manchmal, wenn man aus der Tür tritt und er lehnt 4.3
gerade unten am Treppengeländer, hat man Lust, ihn
anzusprechen.
Sometimes, when you step out of the door and he's leaning
against the banister at the bottom of the stairs, you feel like
talking to him.

Natürlich stellt man an ihn keine schwierigen Fragen, 4.4
sondern behandelt ihn – schon seine Winzigkeit
verführt dazu – wie ein Kind.
Of course, you don't ask him any difficult questions, but
treat him like a child - his very small size makes you
want to.

»Wie heißt du denn?« fragt man ihn. »Odradek«, 4.5
sagt er.
"What's your name?" you ask him. "Odradek", he says.

»Und wo wohnst du?« 4.6
"And where do you live?"

»Unbestimmter Wohnsitz«, sagt er und lacht; es 4.7
ist aber nur ein Lachen, wie man es ohne Lungen
hervorbringen kann.
"Undetermined place of residence", he says and laughs, but
it's just the kind of laugh you can make without lungs.

Es klingt etwa so, wie das Rascheln in gefallenen 4.8
Blättern.
It sounds like the rustling of fallen leaves.

4.9 **Damit ist die Unterhaltung meist zu Ende.**

That's usually the end of the conversation.

4.10 **Übrigens sind selbst diese Antworten nicht immer zu erhalten;**

Incidentally, even these answers are not always forthcoming;

4.11 **oft ist er lange stumm, wie das Holz, das er zu sein scheint.**

he is often silent for a long time, like the wood he seems to be.

5.1 **Vergeblich frage ich mich, was mit ihm geschehen wird.**

I wonder in vain what will happen to him.

5.2 **Kann er denn sterben?**

Can he die?

5.3 **Alles, was stirbt, hat vorher eine Art Ziel, eine Art Tätigkeit gehabt und daran hat es sich zerrieben;**

Everything that dies has previously had some kind of goal, some kind of activity, and it has worn itself out;

5.4 **das trifft bei Odradek nicht zu.**

that is not the case with Odradek.

5.5 **Sollte er also einstmals etwa noch vor den Füßen meiner Kinder und Kindeskinder mit nachschleifendem Zwirnsfaden die Treppe hinunterkollern?**

So should he someday roll down the stairs before the feet of my children and grandchildren with his thread dragging?

Er schadet ja offenbar niemandem; aber die 5.6
Vorstellung, daß er mich auch noch überleben sollte,
ist mir eine fast schmerzliche.

He obviously doesn't harm anyone, but the idea that he
should outlive me is almost painful to me.

Beim Bau der Chinesischen Mauer

Building the Great Wall of China

1.1 Die Chinesische Mauer ist an ihrer nördlichsten Stelle beendet worden.

The Great Wall of China has been completed at its northernmost point.

1.2 Von Südosten und Südwesten wurde der Bau herangeführt und hier vereinigt.

The construction was brought in from the south-east and south-west and united here.

1.3 Dieses System des Teilbaues wurde auch im Kleinen innerhalb der zwei großen Arbeitsheere, des Ost - und des Westheeres, befolgt.

This system of partial construction was also followed on a small scale within the two large labor armies, the eastern and western armies.

175

Es geschah das so, daß Gruppen von etwa zwanzig Arbeitern gebildet wurden, welche eine Teilmauer von etwa fünfhundert Metern Länge aufzuführen hatten, eine Nachbargruppe baute ihnen dann eine Mauer von gleicher Länge entgegen. 1.4

It was done in such a way that groups of about twenty workers were formed, which had to build a partial wall of about five hundred meters in length, a neighboring group then built a wall of the same length against them.

Nachdem dann aber die Vereinigung vollzogen war, wurde nicht etwa der Bau am Ende dieser tausend Meter wieder fortgesetzt, vielmehr wurden die Arbeitergruppen wieder in ganz andere Gegenden zum Mauerbau verschickt. 1.5

After the unification was completed, however, the construction was not continued at the end of these thousand meters, but rather the groups of workers were sent to build walls in completely different areas.

Natürlich entstanden auf diese Weise viele große Lücken, die erst nach und nach langsam ausgefüllt wurden, manche sogar erst, nachdem der Mauerbau schon als vollendet verkündigt worden war. 1.6

Of course, this created many large gaps, which were only gradually filled in, some even after the Wall had already been announced as complete.

176

1.7 Ja, es soll Lücken geben, die überhaupt nicht verbaut worden sind, eine Behauptung allerdings, die möglicherweise nur zu den vielen Legenden gehört, die um den Bau entstanden sind, und die, für den einzelnen Menschen wenigstens, mit eigenen Augen und eigenem Maßstab infolge der Ausdehnung des Baues unnachprüfbar sind.

Yes, there are supposed to be gaps that were not built at all, a claim, however, that possibly only belongs to the many legends that have arisen around the construction and which, for the individual at least, are unverifiable with their own eyes and their own scale due to the extent of the construction.

2.1 Nun würde man von vornherein glauben, es wäre in jedem Sinne vorteilhafter gewesen, zusammenhängend zu bauen oder wenigstens zusammenhängend innerhalb der zwei Hauptteile.

Now one would think from the outset that it would have been more advantageous in every sense to build contiguously, or at least contiguously within the two main parts.

2.2 Die Mauer war doch, wie allgemein verbreitet wird und bekannt ist, zum Schutze gegen die Nordvölker gedacht.

The wall was, as is generally known, intended to protect against the northern peoples.

2.3 Wie kann aber eine Mauer schützen, die nicht zusammenhängend gebaut ist.

But how can a wall provide protection if it is not built as a continuous wall.

Ja, eine solche Mauer kann nicht nur nicht schützen, der Bau selbst ist in fortwährender Gefahr.

2.4

Yes, not only can such a wall not protect, the construction itself is in constant danger.

Diese in öder Gegend verlassen stehenden Mauerteile können immer wieder leicht von den Nomaden zerstört werden, zumal diese damals, geängstigt durch den Mauerbau, mit unbegreiflicher Schnelligkeit wie Heuschrecken ihre Wohnsitze wechselten und deshalb vielleicht einen besseren Überblick über die Baufortschritte hatten als selbst wir, die Erbauer.

2.5

These parts of the wall standing abandoned in barren areas can easily be destroyed again and again by the nomads, especially as they, frightened by the construction of the wall, changed their residences with incomprehensible speed like locusts and therefore perhaps had a better overview of the construction progress than even we, the builders.

Trotzdem konnte der Bau wohl nicht anders ausgeführt werden,

2.6

Nevertheless,

als es geschehen ist.

2.7

the construction could not have been carried out any differently than it was.

Um das zu verstehen, muß man folgendes bedenken:

2.8

To understand this, one must consider the following:

Die Mauer sollte zum Schutz für die Jahrhunderte werden;

2.9

the wall was to become a protection for the centuries;

2.10 sorgfältigster Bau, Benützung der Bauweisheit aller bekannten Zeiten und Völker, dauerndes Gefühl der persönlichen Verantwortung der Bauenden waren deshalb unumgängliche Voraussetzung für die Arbeit.

the most careful construction, the use of the building wisdom of all known times and peoples, a constant sense of personal responsibility on the part of the builders were therefore essential prerequisites for the work.

2.11 Zu den niederen Arbeiten konnten zwar unwissende Taglöhner aus dem Volke, Männer, Frauen, Kinder, wer sich für gutes Geld anbot, verwendet werden;

For the lower work, ignorant day laborers from the people, men, women, children, whoever offered themselves for good money, could be used;

2.12 aber schon zur Leitung von vier Taglöhnern war ein verständiger,

but even for the management of four day laborers,

2.13 im Baufach gebildeter Mann nötig;

an intelligent man educated in the building trade was necessary;

2.14 ein Mann, der imstande war, bis in die Tiefe des Herzens mitzufühlen, worum es hier ging.

a man who was able to feel in the depths of his heart what was at stake here.

2.15 Und je höher die Leistung, desto größer die Anforderungen.

And the higher the performance, the greater the demands.

Und solche Männer standen tatsächlich zur
Verfügung, wenn auch nicht in jener Menge, wie
sie dieser Bau hätte verbrauchen können, so doch in
großer Zahl.
And such men were indeed available, albeit not in the
numbers that this building could have used, but in large
numbers.

2.16

Man war nicht leichtsinnig an das Werk
herangegangen.
The work had not been approached recklessly.

3.1

Fünfzig Jahre vor Beginn des Baues hatte man im
ganzen China, das ummauert werden sollte, die
Baukunst, insbesondere das Maurerhandwerk, zur
wichtigsten Wissenschaft erklärt und alles andere
nur anerkannt, soweit es damit in Beziehung stand.
Fifty years before construction began, the whole of
China, which was to be walled, had declared the art of
building, especially bricklaying, to be the most important
science and only recognized everything else as far as it was
related to it.

3.2

3.3 Ich erinnere mich noch sehr wohl, wie wir als kleine Kinder, kaum unserer Beine sicher, im Gärtchen unseres Lehrers standen, aus Kieselsteinen eine Art Mauer bauen mußten, wie der Lehrer den Rock schützte, gegen die Mauer rannte, natürlich alles zusammenwarf, und uns wegen der Schwäche unseres Baues solche Vorwürfe machte, daß wir heulend uns nach allen Seiten zu unseren Eltern verliefen.

I still remember very well how as small children, hardly sure of our legs, we stood in our teacher's garden, had to build a kind of wall out of pebbles, how the teacher protected our skirts, ran against the wall, threw everything together, of course, and reproached us so much for the weakness of our construction that we ran crying to our parents on all sides.

3.4 Ein winziger Vorfall, aber bezeichnend für den Geist der Zeit.

A tiny incident, but indicative of the spirit of the times.

4.1 Ich hatte das Glück, daß, als ich mit zwanzig Jahren die oberste Prüfung der untersten Schule abgelegt hatte, der Bau der Mauer gerade begann.

I was lucky that when I was twenty years old and had passed the highest examination of the lowest school, the construction of the wall had just begun.

Ich sage Glück, denn viele, die früher die oberste Höhe der ihnen zugänglichen Ausbildung erreicht hatten, wußten jahrelang mit ihrem Wissen nichts anzufangen, trieben sich, im Kopf die großartigsten Baupläne, nutzlos herum und verlotterten in Mengen.

I say lucky, because many who had previously reached the highest level of education available to them did not know what to do with their knowledge for years, drifted around uselessly with the grandest building plans in their heads and wasted away in large numbers.

Aber diejenigen, die endlich als Bauführer, sei es auch untersten Ranges, zum Bau kamen, waren dessen tatsächlich würdig.

But those who finally made it to the building site as foremen, even of the lowest rank, were indeed worthy of it.

Es waren Maurer, die viel über den Bau nachgedacht hatten und nicht aufhörten, darüber nachzudenken, die sich mit dem ersten Stein, den sie in den Boden einsenken ließen, dem Bau verwachsen fühlten.

They were bricklayers who had thought a lot about the building and never stopped thinking about it, who felt that they had grown into the building from the first stone they sank into the ground.

Solche Maurer trieb aber natürlich, neben der Begierde, gründlichste Arbeit zu leisten, auch die Ungeduld, den Bau in seiner Vollkommenheit endlich erstehen zu sehen.

In addition to the desire to do the most thorough work, such bricklayers were naturally also impatient to see the building finally rise in its perfection.

4.6 Der Taglöhner kennt diese Ungeduld nicht, den treibt nur der Lohn, auch die oberen Führer, ja selbst die mittleren Führer sehen von dem vielseitigen Wachsen des Baues genug, um sich im Geiste dadurch kräftig zu halten.

The day laborer does not know this impatience, he is only driven by his wages; the upper leaders, even the middle leaders, see enough of the multifaceted growth of the building to keep themselves strong in spirit.

4.7 Aber für die unteren, geistig weit über ihrer äußerlich kleinen Aufgabe stehenden Männer, mußte anders vorgesorgt werden.

But for the lower men, who were spiritually far above their outwardly small task, other provisions had to be made.

4.8 Man konnte sie nicht zum Beispiel in einer unbewohnten Gebirgsgegend, hunderte Meilen von ihrer Heimat, Monate oder gar Jahre lang Mauerstein an Mauerstein fügen lassen;

They could not, for example, be left in an uninhabited mountainous region, hundreds of miles from their homes, for months or even years to lay brick after brick;

4.9 die Hoffnungslosigkeit solcher fleißigen, aber selbst in einem langen Menschenleben nicht zum Ziel führenden Arbeit hätte sie verzweifelt und vor allem wertloser für die Arbeit gemacht.

the hopelessness of such industrious work, which could not be accomplished even in a long human life, would have made them desperate and, above all, worthless for the work.

4.10 Deshalb wählte man das System des Teilbaues.

That is why the system of partial construction was chosen.

Fünfhundert Meter konnten etwa in fünf Jahren
fertiggestellt werden, dann waren freilich die Führer
in der Regel zu erschöpft, hatten alles Vertrauen zu
sich, zum Bau, zur Welt verloren.

4.11

Five hundred meters could be completed in about five years,
but by then the leaders were usually too exhausted and had
lost all confidence in themselves, in the construction and in
the world.

Drum wurden sie dann, während sie noch im
Hochgefühl des Vereinigungsfestes der tausend
Meter Mauer standen, weit, weit verschickt, sahen
auf der Reise hier und da fertige Mauerteile ragen,
kamen an Quartieren höherer Führer vorüber, die
sie mit Ehrenzeichen beschenkten, hörten den Jubel
neuer Arbeitsheere, die aus der Tiefe der Länder
herbeiströmten, sahen Wälder niederlegen, die
zum Mauergerüst bestimmt waren, sahen Berge in
Mauersteine zerhämmern, hörten auf den heiligen
Stätten Gesänge der Frommen Vollendung des Baues
erflehen.

4.12

Therefore, while they were still in the elation of the
celebration of the unification of the thousand-meter
wall, they were sent far and wide, saw finished parts of
the wall towering here and there on the journey, passed
by the quarters of higher leaders who presented them
with decorations, heard the cheers of new armies of
workers streaming in from the depths of the countries,
saw forests being laid down that were intended for the wall
framework, saw mountains being hammered into bricks,
heard the songs of the pious imploring completion of the
construction in the holy places.

Alles dieses besänftigte ihre Ungeduld.

4.13

All this soothed their impatience.

184

4.14 **Das ruhige Leben der Heimat, in der sie einige Zeit verbrachten, kräftigte sie, das Ansehen, in dem alle Bauenden standen, die gläubige Demut, mit der ihre Berichte angehört wurden, das Vertrauen, das der einfache, stille Bürger in die einstige Vollendung der Mauer setzte, alles dies spannte die Saiten der Seele.**

The quiet life of their homeland, where they spent some time, strengthened them, the prestige in which all the builders stood, the believing humility with which their reports were heard, the trust that the simple, quiet citizen placed in the one-time completion of the wall, all this tightened the strings of the soul.

4.15 **Wie ewig hoffende Kinder nahmen sie dann von der Heimat Abschied, die Lust, wieder am Volkswerk zu arbeiten, wurde unbezwinglich.**

Like eternally hopeful children, they then took leave of their homeland, the desire to work again on the people's work became indomitable.

4.16 **Sie reisten früher von Hause fort, als es nötig gewesen wäre, das halbe Dorf begleitete sie lange Strecken weit.**

They left home earlier than would have been necessary, half the village accompanied them for long distances.

4.17 **Auf allen Wegen Gruppen, Wimpel, Fahnen, niemals hatten sie gesehen, wie groß und reich und schön und liebenswert ihr Land war.**

Groups, pennants and flags were everywhere, they had never seen how big and rich and beautiful and lovable their country was.

Jeder Landmann war ein Bruder, für den man eine Schutzmauer baute, und der mit allem, was er hatte und war, sein Leben lang dafür dankte.

4.18

Every countryman was a brother for whom a protective wall was built, and who thanked it with everything he had and was for the rest of his life.

Einheit! Einheit!

4.19

Unity! Unity!

Brust an Brust, ein Reigen des Volkes, Blut, nicht mehr eingesperrt im kärglichen Kreislauf des Körpers, sondern süß rollend und doch wiederkehrend durch das unendliche China.

4.20

Breast to breast, a round dance of the people, blood, no longer locked up in the meager circulation of the body, but sweetly rolling and yet returning through the infinite China.

Dadurch also wird das System des Teilbaues verständlich; aber es hatte doch wohl noch andere Gründe.

5.1

This makes the system of partial construction understandable, but there were probably other reasons as well.

Es ist auch keine Sonderbarkeit, daß ich mich bei dieser Frage so lange aufhalte, es ist eine Kernfrage des ganzen Mauerbaues, so unwesentlich sie zunächst scheint.

5.2

Nor is it strange that I am dwelling on this question for so long; it is a core question of the whole construction of the Wall, however insignificant it may seem at first.

Will ich den Gedanken und die Erlebnisse jener Zeit vermitteln und begreiflich machen,

5.3

If I want to convey the thoughts and experiences of that time and make them comprehensible,

5.4 kann ich gerade dieser Frage nicht tief genug nachbohren.

I cannot probe this question deeply enough.

6.1 Zunächst muß man sich doch wohl sagen, daß damals Leistungen vollbracht worden sind, die wenig hinter dem Turmbau von Babel zurückstehen, an Gottgefälligkeit allerdings, wenigstens nach menschlicher Rechnung, geradezu das Gegenteil jenes Baues darstellen.

First of all, it must be said that at that time achievements were accomplished that were only slightly inferior to the Tower of Babel, but in terms of godliness, at least in human terms, they were almost the opposite of that building.

6.2 Ich erwähne dies, weil in den Anfangszeiten des Baues ein Gelehrter ein Buch geschrieben hat, in welchem er diese Vergleiche sehr genau zog.

I mention this because in the early days of the construction a scholar wrote a book in which he drew these comparisons very precisely.

6.3 Er suchte darin zu beweisen, daß der Turmbau zu Babel keineswegs aus den allgemein behaupteten Ursachen nicht zum Ziele geführt hat, oder daß wenigstens unter diesen bekannten Ursachen sich nicht die allerersten befinden.

He tried to prove that the Tower of Babel was not built for the reasons generally claimed, or at least that these known reasons were not the very first.

Seine Beweise bestanden nicht nur aus Schriften
und Berichten, sondern er wollte auch am Orte
selbst Untersuchungen angestellt und dabei
gefunden haben, daß der Bau an der Schwäche des
Fundamentes scheiterte und scheitern mußte.

6.4

His evidence consisted not only of writings and reports,
but he also wanted to have carried out investigations at the
site itself and found that the building failed and had to fail
because of the weakness of the foundations.

In dieser Hinsicht allerdings war unsere Zeit jener
längst vergangenen weit überlegen.

6.5

In this respect, however, our time was far superior to that
of long ago.

Fast jeder gebildete Zeitgenosse war Maurer vom
Fach und in der Frage der Fundamentierung
untrüglich.

6.6

Almost every educated contemporary was a bricklayer by
trade and infallible when it came to foundations.

Dahin zielte aber der Gelehrte gar nicht, sondern
er behauptete, erst die große Mauer werde zum
erstenmal in der Menschenzeit ein sicheres
Fundament für einen neuen Babelturm schaffen.

6.7

But this was not what the scholar was aiming at, instead
he claimed that only the great wall would create a secure
foundation for a new Babylonian tower for the first time in
human history.

Also zuerst die Mauer und dann der Turm.

6.8

So first the wall and then the tower.

6.9 Das Buch war damals in aller Hände, aber ich gestehe ein, daß ich noch heute nicht genau begreife, wie er sich diesen Turmbau dachte.

The book was in everyone's hands at the time, but I confess that I still don't understand exactly how he thought this tower would be built.

6.10 Die Mauer, die doch nicht einmal einen Kreis, sondern nur eine Art Viertel - oder Halbkreis bildete, sollte das Fundament eines Turmes abgeben?

The wall, which didn't even form a circle, but only a kind of quarter or half circle, was supposed to be the foundation of a tower?

6.11 Das konnte doch nur in geistiger Hinsicht gemeint sein.

That could only be meant in a spiritual sense.

6.12 Aber wozu dann die Mauer, die doch etwas Tatsächliches war, Ergebnis der Mühe und des Lebens von Hunderttausenden?

But then why the wall, which was something real, the result of the efforts and lives of hundreds of thousands of people?

6.13 Und wozu waren in dem Werk Pläne, allerdings nebelhafte Pläne, des Turmes gezeichnet und Vorschläge bis ins einzelne gemacht, wie man die Volkskraft in dem kräftigen neuen Werk zusammenfassen solle?

And why were plans, albeit nebulous plans, of the tower drawn in the work and suggestions made in detail as to how the people's strength should be combined in the powerful new work?

7.1 Es gab – dieses Buch ist nur ein Beispiel –

There was – this book is just one example –

viel Verwirrung der Köpfe damals, vielleicht gerade   7.2
deshalb, weil sich so viele möglichst auf einen Zweck
hin zu sammeln suchten.

much confusion of minds in those days, perhaps precisely
because so many sought to gather themselves together for
one purpose as much as possible.

Das menschliche Wesen, leichtfertig in seinem   7.3
Grund, von der Natur des auffliegenden Staubes,
verträgt keine Fesselung;

The human being, frivolous in its reason, of the nature of
flying dust, does not tolerate bondage;

fesselt es sich selbst, wird es bald wahnsinnig an den   7.4
Fesseln zu rütteln anfangen und Mauer, Kette und
sich selbst in alle Himmelsrichtungen zerreißen.

if it binds itself, it will soon begin to shake the shackles
madly and tear the wall, chain and itself in all directions.

Es ist möglich, daß auch diese, dem Mauerbau sogar   8.1
gegensätzlichen Erwägungen von der Führung bei
der Festsetzung des Teilbaues nicht unberücksichtigt
geblieben sind.

It is possible that these considerations, which were
even contrary to the construction of the Wall, were not
disregarded by the leadership when determining the
partial construction.

Wir – ich rede hier wohl im Namen vieler –   8.2

We – and I am probably speaking here on behalf of many
people –

8.3 haben eigentlich erst im Nachbuchstabieren der Anordnungen der obersten Führerschaft uns selbst kennengelernt und gefunden, daß ohne die Führerschaft weder unsere Schulweisheit noch unser Menschenverstand für das kleine Amt, das wir innerhalb des großen Ganzen hatten, ausgereicht hätte.

only really got to know ourselves by following the orders of the supreme leadership and found that without the leadership neither our school wisdom nor our common sense would have been sufficient for the small office we had within the greater whole.

8.4 In der Stube der Führerschaft –

In the room of the leadership –

8.5 wo sie war und wer dort saß, weiß und wußte niemand, den ich fragte –

where it was and who sat there, no one I asked knew or knew –

8.6 in dieser Stube kreisten wohl alle menschlichen Gedanken und Wünsche und in Gegenkreisen alle menschlichen Ziele und Erfüllungen.

in this room all human thoughts and desires circulated and in counter-circles all human goals and fulfillments.

8.7 Durch das Fenster aber fiel der Abglanz der göttlichen Welten auf die Pläne zeichnenden Hände der Führerschaft.

Through the window, however, the reflection of the divine worlds fell on the plan-drawing hands of the leadership.

Und deshalb will es dem unbestechlichen Betrachter nicht eingehen, daß die Führerschaft, wenn sie es ernstlich gewollt hätte, nicht auch jene Schwierigkeiten hätte überwinden können, die einem zusammenhängenden Mauerbau entgegenstanden. 9.1

And therefore it does not occur to the incorruptible observer that the leadership, if it had seriously wanted to, would not have been able to overcome the difficulties that stood in the way of a coherent construction of the Wall.

Bleibt also nur die Folgerung, daß die Führerschaft den Teilbau beabsichtigte. 9.2

The only conclusion that remains is that the leadership intended the partial construction.

Aber der Teilbau war nur ein Notbehelf und unzweckmäßig. 9.3

But the partial construction was only a makeshift and inappropriate.

Bleibt die Folgerung, daß die Führerschaft etwas Unzweckmäßiges wollte. 9.4

The conclusion remains that the leadership wanted something inappropriate.

– Sonderbare Folgerung! – Gewiß, 9.5

– Strange conclusion! – Certainly,

und doch hat sie auch von anderer Seite manche Berechtigung für sich. 9.6

and yet it also has some justification from another side.

Heute kann davon vielleicht ohne Gefahr gesprochen werden. 9.7

Today it can perhaps be said without danger.

9.8 **Damals war es geheimer Grundsatz Vieler,**

At that time it was the secret principle of many,

9.9 **und sogar der Besten:**

and even of the best:

9.10 **Suche mit allen deinen Kräften die Anordnungen der Führerschaft zu verstehen, aber nur bis zu einer bestimmten Grenze, dann höre mit dem Nachdenken auf.**

try with all your might to understand the instructions of the leadership, but only up to a certain limit, then stop thinking.

9.11 **Ein sehr vernünftiger Grundsatz,**

A very sensible principle,

9.12 **der übrigens noch eine weitere Auslegung in einem später oft wiederholten Vergleich fand:**

which incidentally found a further interpretation in a comparison that was often repeated later:

9.13 **Nicht weil es dir schaden könnte, höre mit dem weiteren Nachdenken auf, es ist auch gar nicht sicher, daß es dir schaden wird.**

Not because it could harm you, stop thinking further, it is also not at all certain that it will harm you.

9.14 **Man kann hier überhaupt weder von Schaden noch Nichtschaden sprechen.**

One can neither speak of harm nor non-harm here.

9.15 **Es wird dir geschehen wie dem Fluß im Frühjahr.**

It will happen to you like the river in spring.

Er steigt, wird mächtiger, nährt kräftiger das
Land an seinen langen Ufern, behält sein eignes
Wesen weiter ins Meer hinein und wird dem Meere
ebenbürtiger und willkommener.

9.16

It rises, becomes more powerful, nourishes the land on its
long banks more vigorously, retains its own nature further
into the sea and becomes more equal and more welcome to
the sea.

– So weit denke den Anordnungen der Führerschaft
nach.

9.17

– So far, follow the instructions of the leadership.

– Dann aber übersteigt der Fluß seine Ufer,
verliert Umrisse und Gestalt, verlangsamt seinen
Abwärtslauf, versucht gegen seine Bestimmung
kleine Meere ins Binnenland zu bilden, schädigt die
Fluren, und kann sich doch für die Dauer in dieser
Ausbreitung nicht halten, sondern rinnt wieder
in seine Ufer zusammen, ja trocknet sogar in der
folgenden heißen Jahreszeit kläglich aus.

9.18

– But then the river overflows its banks, loses its outline
and shape, slows down its downward course, tries to form
small seas into the interior against its destiny, damages the
meadows, and yet cannot hold itself in this expansion for
the duration, but runs back into its banks, even dries up
miserably in the following hot season.

– So weit denke den Anordnungen der Führerschaft
nicht nach.

9.19

– Do not follow the orders of the leadership that far.

Nun mag dieser Vergleich während des Mauerbaues
außerordentlich treffend gewesen sein,

10.1

Now this comparison may have been extraordinarily apt
during the construction of the Wall,

10.2 **für meinen jetzigen Bericht hat er doch zum mindesten nur beschränkte Geltung.**

but for my present report it has at least only limited validity.

10.3 **Meine Untersuchung ist doch nur eine historische;**

After all, my investigation is only a historical one;

10.4 **aus den längst verflogenen Gewitterwolken zuckt kein Blitz mehr, und ich darf deshalb nach einer Erklärung des Teilbaues suchen, die weitergeht als das, womit man sich damals begnügte.**

there is no longer any lightning flashing from the storm clouds that have long since vanished, and I may therefore look for an explanation of the partial construction that goes further than what people were content with at the time.

10.5 **Die Grenzen, die meine Denkfähigkeit mir setzt, sind ja eng genug, das Gebiet aber, das hier zu durchlaufen wäre, ist das Endlose.**

The limits set by my ability to think are narrow enough, but the area to be traversed here is endless.

11.1 **Gegen wen sollte die große Mauer schützen?**

Who was the Great Wall supposed to protect against?

11.2 **Gegen die Nordvölker.**

Against the northern peoples.

11.3 **Ich stamme aus dem südöstlichen China.**

I come from south-eastern China.

11.4 **Kein Nordvolk kann uns dort bedrohen.**

No northern people can threaten us there.

Wir lesen von ihnen in den Büchern der Alten, die   11.5
Grausamkeiten, die sie ihrer Natur gemäß begehen,
machen uns aufseufzen in unserer friedlichen Laube.
We read about them in the books of the ancients, the
atrocities they commit according to their nature make
us sigh in our peaceful bower.

Auf den wahrheitsgetreuen Bildern der Künstler   11.6
sehen wie diese Gesichter der Verdammnis, die
aufgerissenen Mäuler, die mit hoch zugespitzten
Zähnen besteckten Kiefer, die verkniffenen Augen,
die schon nach dein Raub zu schielen scheinen, den
das Maul zermalmen und zerreißen wird.
In the true-to-life paintings of artists, we see these faces of
damnation, the open mouths, the jaws set with sharpened
teeth, the narrowed eyes that already seem to be looking
for the prey that their mouths will crush and tear apart.

Sind die Kinder böse,   11.7
If the children are angry,

halten wir ihnen diese Bilder hin und schon fliegen   11.8
sie weinend an unsern Hals.
we hold these pictures up to them and they fly to our necks
crying.

Aber mehr wissen wir von diesen Nordländern nicht.   11.9
But that's all we know about these northerners.

Gesehen haben wir sie nicht, und bleiben wir in   11.10
unserem Dorf, werden wir sie niemals sehen, selbst
wenn sie auf ihren wilden Pferden geradeaus zu uns
hetzen und jagen, –
We have not seen them, and if we stay in our village, we
will never see them, even if they rush and chase straight
towards us on their wild horses –

11.11 zu groß ist das Land und läßt sie nicht zu uns,

the land is too big and will not let them reach us,

11.12 in die leere Luft werden sie sich verrennen.

they will run away into the empty air.

12.1 Warum also, da es sich so verhält, verlassen wir die Heimat, den Fluß und die Brücken, die Mutter und den Vater, das weinende Weib, die lehrbedürftigen Kinder und ziehen weg zur Schule nach der fernen Stadt und unsere Gedanken sind noch weiter bei der Mauer im Norden?

So why, since it is so, do we leave home, the river and the bridges, the mother and the father, the weeping wife, the children in need of instruction, and go away to school in the distant city, and our thoughts are still further to the wall in the north?

12.2 Warum? Frage die Führerschaft. Sie kennt uns.

Why? Ask the leadership. She knows us.

12.3 Sie, die ungeheure Sorgen wälzt, weiß von uns, kennt unser kleines Gewerbe, sieht uns alle zusammensitzen in der niedrigen Hütte und das Gebet, das der Hausvater am Abend im Kreise der Seinigen sagt, ist ihr wohlgefällig oder mißfällt ihr.

She, who has tremendous worries, knows about us, knows our small business, sees us all sitting together in the low hut and the prayer that the father of the house says in the evening in the company of his own is either pleasing or displeasing to her.

Und wenn ich mir einen solchen Gedanken über
die Führerschaft erlauben darf, so muß ich sagen,
meiner Meinung nach bestand die Führerschaft
schon früher, kam nicht zusammen, wie etwa hohe
Mandarinen, durch einen schönen Morgentraum
angeregt, eiligst eine Sitzung einberufen, eiligst
beschließen, und schon am Abend die Bevölkerung
aus den Betten trommeln lassen, um die Beschlüsse
auszuführen, sei es auch nur um eine Illumination zu
Ehren eines Gottes zu veranstalten, der sich gestern
den Herren günstig gezeigt hat, um sie morgen,
kaum sind die Lampions verlöscht, in einem dunklen
Winkel zu verprügeln.

12.4

And if I may permit myself such a thought about the
leadership, I must say that, in my opinion, the leadership
existed earlier, did not come together as high mandarins,
inspired by a beautiful morning dream, hastily convene a
meeting, hastily decide, and have the population drummed
out of bed in the evening to carry out the resolutions, even
if only to organize an illumination in honour of a god who
showed himself favourably to the lords yesterday, only to
beat them up in a dark corner tomorrow, as soon as the
lanterns have gone out.

Vielmehr bestand die Führerschaft wohl seit jeher
und der Beschluß des Mauerbaues gleichfalls.

12.5

On the contrary, the leadership has probably always existed
and the decision to build the wall as well.

Unschuldige Nordvölker, die glaubten, ihn
verursacht zu haben, verehrungswürdiger,
unschuldiger Kaiser, der glaubte, er hätte ihn
angeordnet.

12.6

Innocent northern peoples who believed they had caused
it, venerable, innocent emperor who believed he had
ordered it.

12.7   Wir vom Mauerbau wissen es anders und schweigen.

We who built the Wall know differently and remain silent.

13.1   Ich habe mich, schon damals während des
Mauerbaues und nachher bis heute, fast
ausschließlich mit vergleichender Völkergeschichte
beschäftigt – es gibt bestimmte Fragen, denen man
nur mit diesem Mittel gewissermaßen an den Nerv
herankommt - und ich habe dabei gefunden, daß
wir Chinesen gewisse volkliche und staatliche
Einrichtungen in einzigartiger Klarheit, andere
wieder in einzigartiger Unklarheit besitzen.

Even then, during the construction of the Wall, and since
then up to the present day, I have concerned myself almost
exclusively with the comparative history of peoples - there
are certain questions that can only be approached by this
means - and I have found that we Chinese possess certain
national and state institutions with unique clarity, and
others with unique obscurity.

13.2   Den Gründen, insbesondere der letzten Erscheinung,
nachzuspüren, hat mich immer gereizt, reizt mich
noch immer, und auch der Mauerbau ist von diesen
Fragen wesentlich betroffen.

Tracing the reasons, especially the latter phenomenon, has
always appealed to me and still does, and the construction
of the Wall is also essentially affected by these questions.

14.1   Nun gehört zu unseren allerundeutlichsten
Einrichtungen jedenfalls das Kaisertum.

In any case, the imperial system is one of our most unclear
institutions.

In Peking natürlich, gar in der Hofgesellschaft, besteht darüber einige Klarheit, wiewohl auch diese eher scheinbar als wirklich ist.

14.2

In Beijing, of course, even in court society, there is some clarity about this, although it is more apparent than real.

Auch die Lehrer des Staatsrechtes und der Geschichte an den hohen Schulen geben vor, über diese Dinge genau unterrichtet zu sein und diese Kenntnis den Studenten weitervermitteln zu können.

14.3

The teachers of constitutional law and history at the high schools also claim to be well informed about these matters and to be able to pass this knowledge on to their students.

Je tiefer man zu den unteren Schulen herabsteigt, desto mehr schwinden begreiflicherweise die Zweifel am eigenen Wissen, und Halbbildung wogt bergehoch um wenige seit Jahrhunderten eingerammte Lehrsätze, die zwar nichts an ewiger Wahrheit verloren haben, aber in diesem Dunst und Nebel auch ewig unerkannt bleiben.

14.4

The deeper one descends to the lower schools, the more one's doubts about one's own knowledge understandably dwindle, and half-education surges upwards around a few doctrines that have been rammed in for centuries, which have lost nothing of their eternal truth, but remain forever unrecognized in this haze and fog.

Gerade über das Kaisertum aber sollte man meiner Meinung nach das Volk befragen, da doch das Kaisertum seine letzten Stützen dort hat.

15.1

In my opinion, however, the people should be consulted about the emperorship in particular, as this is where the emperorship has its ultimate support.

15.2 **Hier kann ich allerdings wieder nur von meiner Heimat sprechen.**

Here again, however, I can only speak of my homeland.

15.3 **Außer den Feldgottheiten und ihrem das ganze Jahr so abwechslungsreich und schön erfüllenden Dienst gilt unser Denken nur dem Kaiser.**

Apart from the field deities and their service, which is so varied and beautiful throughout the year, we only think of the emperor.

15.4 **Aber nicht dem gegenwärtigen;**

But not the present one;

15.5 **oder vielmehr es hätte dem gegenwärtigen gegolten, wenn wir ihn gekannt, oder Bestimmtes von ihm gewußt hätten.**

or rather it would have been for the present one if we had known him, or had known certain things about him.

15.6 **Wir waren freilich –**

We were, of course, always anxious –

15.7 **die einzige Neugierde, die uns erfüllte –**

the only curiosity that filled us –

immer bestrebt, irgend etwas von der Art zu
erfahren, aber so merkwürdig es klingt, es war kaum
möglich, etwas zu erfahren, nicht vom Pilger, der
doch viel Land durchzieht, nicht in den nahen, nicht
in den fernen Dörfern, nicht von den Schiffern, die
doch nicht nur unsere Flüßchen, sondern auch die
heiligen Ströme befahren.

15.8

to learn something of the kind, but, strange as it may
sound, it was hardly possible to learn anything, not from
the pilgrims, who traverse much country, not in the near
villages, not in the distant ones, not from the boatmen,
who navigate not only our little rivers, but also the sacred
streams.

Man hörte zwar viel, konnte aber dem Vielen nichts
entnehmen.

15.9

We heard a lot, but we couldn't glean anything from it.

So groß ist unser Land, kein Märchen reicht an seine
Größe, kaum der Himmel umspannt es –

16.1

Our country is so big, no fairy tale can match its size, the
sky barely spans it –

und Peking ist nur ein Punkt und das kaiserliche
Schloß nur ein Pünktchen.

16.2

and Beijing is just a dot and the imperial palace just a dot.

Der Kaiser als solcher allerdings wiederum groß
durch alle Stockwerke der Welt.

16.3

The emperor as such, on the other hand, is great through
all the floors of the world.

16.4 Der lebendige Kaiser aber, ein Mensch wie wir, liegt ähnlich wie wir auf einem Ruhebett, das zwar reichlich bemessen, aber doch möglicherweise nur schmal und kurz ist.

But the living emperor, a human being like us, lies like us on a resting bed, which, although generously proportioned, is possibly only narrow and short.

16.5 Wie wir streckt er manchmal die Glieder, und ist er sehr müde, gähnt er mit seinem zartgezeichneten Mund.

Like us, he sometimes stretches his limbs, and when he is very tired, he yawns with his delicately drawn mouth.

16.6 Wie aber sollten wir davon erfahren –

But how would we find out about it –

16.7 tausende Meilen im Süden – ,

thousands of miles to the south –

16.8 grenzen wir doch schon fast ans tibetanischc Hochland.

as we are almost on the edge of the Tibetan highlands.

16.9 Außerdem aber käme jede Nachricht, selbst wenn sie uns erreichte, viel zu spät, wäre längst veraltet.

Besides, any news, even if it reached us, would come far too late and be long out of date.

16.10 Um den Kaiser drängt sich die glänzende und doch dunkle Menge des Hofstaates –

The emperor is surrounded by the shining and yet dark crowd of the court –

16.11 Bosheit und Feindschaft im Kleid der Diener und Freunde – ,

malice and enmity in the guise of servants and friends –

das Gegengewicht des Kaisertums, immer bemüht, 16.12
mit vergifteten Pfeilen den Kaiser von seiner
Wagschale abzuschießen.

the counterweight of the emperorship, always trying to
shoot the emperor off his scales with poisoned arrows.

Das Kaisertum ist unsterblich, aber der einzelne 16.13
Kaiser fällt und stürzt ab, selbst ganze Dynastien
sinken endlich nieder und veratmen durch ein
einziges Röcheln.

The empire is immortal, but the individual emperor falls
and crumbles, even whole dynasties finally sink and die
with a single gasp.

Von diesen Kämpfen und Leiden wird das Volk 16.14
nie erfahren, wie Zu-spät-gekommene, wie
Stadtfremde stehen sie am Ende der dichtgedrängten
Seitengassen, ruhig zehrend vom mitgebrachten
Vorrat, während auf dem Marktplatz in der Mitte
weit vorn die Hinrichtung ihres Herrn vor sich geht.

The people will never learn of these battles and sufferings;
they stand like latecomers, like strangers to the city, at
the end of the crowded side streets, quietly consuming
the provisions they have brought with them, while the
execution of their lord takes place in the center of the
marketplace.

Es gibt eine Sage, die dieses Verhältnis gut ausdrückt. 17.1

There is a legend that expresses this relationship well.

17.2 Der Kaiser, so heißt es, hat Dir, dem Einzelnen, dem
jämmerlichen Untertanen, dem winzig vor der
kaiserlichen Sonne in die fernste Ferne geflüchteten
Schatten, gerade Dir hat der Kaiser von seinem
Sterbebett aus eine Botschaft gesendet.

It is said that the emperor sent a message from his deathbed
to you, the individual, the miserable subject, the tiny
shadow that had fled from the imperial sun into the
farthest distance.

17.3 Den Boten hat er beim Bett niederknien lassen und
ihm die Botschaft zugeflüstert;

He had the messenger kneel down by the bed and
whispered the message to him;

17.4 so sehr war ihm an ihr gelegen, daß er sich sie noch
ins Ohr wiedersagen ließ.

he cared so much about it that he had it repeated in his ear.

17.5 Durch Kopfnicken hat er die Richtigkeit des Gesagten
bestätigt.

By nodding his head, he confirmed that what he had said
was true.

17.6 Und vor der ganzen Zuschauerschaft seines Todes –

And in front of the entire audience of his death –

17.7 alle hindernden Wände werden niedergebrochen
und auf den weit und hoch sich schwingenden
Freitreppen stehen im Ring die Großen des Reiches –

all the obstructing walls were broken down and the great
men of the empire stood in the ring on the wide and high
sweeping staircases –

17.8 vor allen diesen hat er den Boten abgefertigt.

he dispatched the messenger in front of them all.

Der Bote hat sich gleich auf den Weg gemacht; ein kräftiger,
17.9

The messenger has immediately set off; a strong,

ein unermüdlicher Mann;
17.10

tireless man;

einmal diesen, einmal den andern Arm vorstreckend, schafft er sich Bahn durch die Menge;
17.11

stretching out one arm and then the other, he makes his way through the crowd;

findet er Widerstand, zeigt er auf die Brust, wo das Zeichen der Sonne ist;
17.12

if he finds resistance, he points to his chest, where the sign of the sun is;

er kommt auch leicht vorwärts wie kein anderer.
17.13

he also moves forward more easily than anyone else.

Aber die Menge ist so groß; ihre Wohnstätten nehmen kein Ende.
17.14

But the crowd is so great; there is no end to their dwellings.

Öffnete sich freies Feld, wie würde er fliegen und bald wohl hörtest Du das herrliche Schlagen seiner Fäuste an Deiner Tür.
17.15

If a free field were opened, how he would fly, and soon you would hear the glorious beating of his fists at your door.

Aber statt dessen, wie nutzlos müht er sich ab;
17.16

But instead, how uselessly he labors;

immer noch zwängt er sich durch die Gemächer des innersten Palastes;
17.17

he still forces his way through the chambers of the innermost palace;

17.18 niemals wird er sie überwinden; und gelänge ihm dies,

he will never overcome them; and if he could,

17.19 nichts wäre gewonnen;

nothing would be gained;

17.20 die Treppen hinab müßte er sich kämpfen;

he would have to fight his way down the stairs;

17.21 und gelänge ihm dies, nichts wäre gewonnen;

and if he could, nothing would be gained;

17.22 die Höfe wären zu durchmessen;

the courtyards would have to be traversed;

17.23 und nach den Höfen der zweite umschließende Palast;

and after the courtyards the second enclosing palace;

17.24 und wieder Treppen und Höfe; und wieder ein Palast;

and again stairs and courtyards; and again a palace;

17.25 und so weiter durch Jahrtausende;

and so on through millennia;

17.26 und stürzte er endlich aus dem äußersten Tor – aber niemals,

and if he finally fell out of the outermost gate – but never,

17.27 niemals kann es geschehen – ,

never can it happen –

17.28 liegt erst die Residenzstadt vor ihm, die Mitte der Welt, hochgeschüttet voll ihres Bodensatzes.

only the residential city lies before him, the center of the world, piled high with its dregs.

207

Niemand dringt hier durch und gar mit der Botschaft eines Toten.

17.29

No one gets through here, not even with the message of a dead man.

– Du aber sitzt an Deinem Fenster und erträumst sie Dir, wenn der Abend kommt.

17.30

– But you sit at your window and dream it up when evening comes.

Genau so, so hoffnungslos und hoffnungsvoll, sieht unser Volk den Kaiser.

18.1

This is exactly how our people see the emperor, so hopeless and full of hope.

Es weiß nicht, welcher Kaiser regiert, und selbst über den Namen der Dynastie bestehen Zweifel.

18.2

They do not know which emperor reigns, and there is even doubt about the name of the dynasty.

In der Schule wird vieles dergleichen der Reihe nach gelernt, aber die allgemeine Unsicherheit in dieser Hinsicht ist so groß, daß auch der beste Schüler mit in sie gezogen wird.

18.3

Many such things are taught in school, but the general uncertainty in this respect is so great that even the best pupils are drawn into it.

Längst verstorbene Kaiser werden in unseren Dörfern auf den Thron gesetzt, und der nur noch im Liede lebt, hat vor kurzem eine Bekanntmachung erlassen, die der Priester vor dem Altare verliest.

18.4

Emperors long dead are placed on the throne in our villages, and he who lives only in song has recently issued a proclamation which the priest reads out before the altar.

18.5 Schlachten unserer ältesten Geschichte werden jetzt erst geschlagen und mit glühendem Gesicht fällt der Nachbar mit der Nachricht dir ins Haus.

Battles of our oldest history are only now being fought and with a glowing face the neighbor comes to your house with the news.

18.6 Die kaiserlichen Frauen, überfüttert in den seidenen Kissen, von schlauen Höflingen der edlen Sitten entfremdet, anschwellend in Herrschsucht, auffahrend in Gier, ausgebreitet in Wollust, verüben ihre Untaten immer wieder von neuem.

The imperial women, overfed in the silken pillows, alienated from noble manners by cunning courtiers, swelling in lust for power, rising in greed, spreading in lust, commit their misdeeds again and again.

18.7 Je mehr Zeit schon vergangen ist, desto schrecklicher leuchten alle Farben, und mit lautem Wehgeschrei erfährt einmal das Dorf, wie eine Kaiserin vor Jahrtausenden in langen Zügen ihres Mannes Blut trank.

The more time has passed, the more terribly all the colors glow, and once the village learns with loud cries of pain how an empress drank her husband's blood in long draughts thousands of years ago.

19.1 So verfährt also das Volk mit den vergangenen,

This is how the people treat the past,

19.2 die gegenwärtigen Herrscher aber mischt es unter die Toten.

but the present rulers mingle with the dead.

Kommt einmal, einmal in einem Menschenalter, ein
kaiserlicher Beamter, der die Provinz bereist, zufällig
in unser Dorf, stellt im Namen der Regierenden
irgendwelche Forderungen, prüft die Steuerlisten,
wohnt dem Schulunterricht bei, befragt den Priester
über unser Tun und Treiben, und faßt dann alles, ehe
er in seine Sänfte steigt, in langen Ermahnungen
an die herbeigetriebene Gemeinde zusammen,
dann geht ein Lächeln über alle Gesichter, einer
blickt verstohlen zum andern und beugt sich zu
den Kindern hinab, um sich vom Beamten nicht
beobachten zu lassen. 19.3

If once, once in a lifetime, an imperial official traveling
through the province happens to come to our village,
makes demands on behalf of the rulers, examines the
tax lists, attends the school lessons, questions the priest
about our doings, and then, before he gets into his sedan
chair, summarizes everything in long exhortations to
the community that has come here, then a smile crosses
everyone's face, one looks furtively at the other and bends
down to the children so as not to be observed by the official.

Wie, denkt man, er spricht von einem Toten wie
von einem Lebendigen, dieser Kaiser ist doch schon
längst gestorben, die Dynastie ausgelöscht, der Herr
Beamte macht sich über uns lustig, aber wir tun so,
als ob wir es nicht merkten, um ihn nicht zu kränken. 19.4

How, one thinks, he speaks of a dead man as if he were
alive, this emperor has long since died, the dynasty is
extinct, the official is making fun of us, but we pretend not
to notice so as not to offend him.

Ernstlich gehorchen aber werden wir nur unserem
gegenwärtigen Herrn, 19.5

But we will only seriously obey our present master,

denn alles andere wäre Versündigung. 19.6

because anything else would be sin.

19.7 Und hinter der davoneilenden Sänfte des Beamten
steigt irgendein willkürlich aus schon zerfallener
Urne Gehobener aufstampfend als Herr des Dorfes
auf.

And behind the official's sedan chair as it hurries away,
some arbitrary person rises from an already crumbled urn,
stomping up as lord of the village.

20.1 Ähnlich werden die Leute bei uns von staatlichen
Umwälzungen,

Similarly,

20.2 von zeitgenössischen Kriegen in der Regel wenig
betroffen.

people here are generally less affected by state upheavals
and contemporary wars.

20.3 Ich erinnere mich hier an einen Vorfall aus meiner
Jugend.

I remember an incident from my youth.

20.4 In einer benachbarten, aber immerhin sehr weit
entfernten Provinz war ein Aufstand ausgebrochen.

An uprising had broken out in a neighboring but very
distant province.

20.5 Die Ursachen sind mir nicht mehr erinnerlich, sie
sind hier auch nicht wichtig, Ursachen für Aufstände
ergeben sich dort mit jedem neuen Morgen, es ist ein
aufgeregtes Volk.

I no longer remember the causes, they are not important
here either, causes for uprisings arise there with every new
morning, it is an agitated people.

Und nun wurde einmal ein Flugblatt der 20.6
Aufständischen durch einen Bettler, der jene Provinz
durchreist hatte, in das Haus meines Vaters gebracht.
And once a leaflet from the rebels was brought to my
father's house by a beggar who had traveled through that
province.

Es war gerade ein Feiertag, Gäste füllten unsere 20.7
Stuben, in der Mitte saß der Priester und studierte
das Blatt.
It was a holiday, guests filled our parlors, the priest sat in
the middle and studied the leaflet.

Plötzlich fing alles zu lachen an, das Blatt wurde im 20.8
Gedränge zerrissen, der Bettler, der allerdings schon
reichlich beschenkt worden war, wurde mit Stößen
aus dem Zimmer gejagt, alles zerstreute sich und lief
in den schönen Tag.
Suddenly everyone started to laugh, the leaf was torn up
in the crowd, the beggar, who had already been given
plenty of presents, was chased out of the room with blows,
everyone dispersed and ran off into the beautiful day.

Warum? 20.9
Why?

Der Dialekt der Nachbarprovinz ist von dem unseren 20.10
wesentlich verschieden, und dies drückt sich auch in
gewissen Formen der Schriftsprache aus, die für uns
einen altertümlichen Charakter haben.
The dialect of the neighboring province is substantially
different from ours, and this is also expressed in
certain forms of written language that have an ancient
character for us.

20.11 **Kaum hatte nun der Priester zwei derartige Seiten gelesen, war man schon entschieden.**

No sooner had the priest read two such pages than his mind was made up.

20.12 **Alte Dinge, längst gehört, längst verschmerzt.**

Old things, long since heard, long since forgotten.

20.13 **Und obwohl – so scheint es mir in der Erinnerung –**

And although – so it seems to me in my memory –

20.14 **aus dem Bettler das grauenhafte Leben unwiderleglich sprach,**

the beggar's horrible life spoke irrefutably,

20.15 **schüttelte man lachend den Kopf und wollte nichts mehr hören.**

people shook their heads laughing and didn't want to hear any more.

20.16 **So bereit ist man bei uns, die Gegenwart auszulöschen.**

That's how ready we are to erase the present.

21.1 **Wenn man aus solchen Erscheinungen folgern wollte, daß wir im Grunde gar keinen Kaiser haben, wäre man von der Wahrheit nicht weit entfernt.**

If one wanted to conclude from such phenomena that we basically have no emperor at all, one would not be far from the truth.

21.2 **Immer wieder muß ich sagen:**

I have to say again and again:

Es gibt vielleicht kein kaisertreueres Volk als das
unsrige im Süden,

21.3

there is perhaps no people more loyal to the emperor than
ours in the south,

aber die Treue kommt dem Kaiser nicht zugute.

21.4

but loyalty does not benefit the emperor.

Zwar steht auf der kleinen Säule am Dorfausgang
der heilige Drache und bläst huldigend seit
Menschengedenken den feurigen Atem genau in
die Richtung von Peking – aber Peking selbst ist den
Leuten im Dorf viel fremder als das jenseitige Leben.

21.5

Although the sacred dragon stands on the small pillar
at the end of the village and has been blowing its fiery
breath in the direction of Peking in homage since time
immemorial, Peking itself is much more alien to the people
in the village than the life beyond.

Sollte es wirklich ein Dorf geben, wo Haus an Haus
steht, Felder bedeckend, weiter als der Blick von
unserem Hügel reicht und zwischen diesen Häusern
stünden bei Tag und bei Nacht Menschen Kopf an
Kopf?

21.6

Should there really be a village where house after house
stands, covering fields further than the view from our hill,
and between these houses people would stand head to head
by day and by night?

Leichter als eine solche Stadt sich vorzustellen ist
es uns, zu glauben, Peking und sein Kaiser wäre
eines, etwa eine Wolke, ruhig unter der Sonne sich
wandelnd im Laufe der Zeiten.

21.7

It is easier for us to imagine such a city than to believe
that Beijing and its emperor are one, like a cloud, quietly
changing under the sun over the course of time.

22.1 Die Folge solcher Meinungen ist nun ein gewissermaßen freies,

The consequence of such opinions is a somewhat free,

22.2 unbeherrschtes Leben.

unrestrained life.

22.3 Keineswegs sittenlos, ich habe solche Sittenreinheit, wie in meiner Heimat, kaum jemals angetroffen auf meinen Reisen.

By no means immoral, I have hardly ever encountered such purity of morals on my travels as in my homeland.

22.4 – Aber doch ein Leben, das unter keinem gegenwärtigen Gesetze steht und nur der Weisung und Warnung gehorcht, die aus alten Zeiten zu uns herüberreicht.

– But it is a life that is not subject to any current laws and only obeys the instructions and warnings that have come down to us from ancient times.

23.1 Ich hüte mich vor Verallgemeinerungen und behaupte nicht, daß es sich in allen zehntausend Dörfern unserer Provinz so verhält oder gar in allen fünfhundert Provinzen Chinas.

I am wary of generalizations and do not claim that this is the case in all ten thousand villages of our province or even in all five hundred provinces of China.

23.2 Wohl aber darf ich vielleicht auf Grund der vielen Schriften, die ich über diesen Gegenstand gelesen habe, sowie auf Grund meiner eigenen Beobachtungen –

But perhaps on the basis of the many writings I have read on this subject, as well as on the basis of my own observations –

besonders bei dem Mauerbau gab das
Menschenmaterial dem Fühlenden Gelegenheit,

23.3

especially during the building of the wall,

durch die Seelen fast aller Provinzen zu reisen –

23.4

the human material gave the sensitive person the
opportunity to travel through the souls of almost all
provinces –

auf Grund alles dessen darf ich vielleicht sagen,
daß die Auffassung, die hinsichtlich des Kaisers
herrscht, immer wieder und überall einen gewissen
und gemeinsamen Grundzug mit der Auffassung in
meiner Heimat zeigt.

23.5

on the basis of all this I may perhaps say that the view that
prevails with regard to the emperor shows again and again
and everywhere a certain and common basic trait with the
view in my homeland.

Die Auffassung will ich nun durchaus nicht als eine
Tugend gelten lassen,

23.6

I do not want to regard this view as a virtue,

im Gegenteil.

23.7

on the contrary.

23.8 Zwar ist sie in der Hauptsache von der Regierung verschuldet, die im ältesten Reich der Erde bis heute nicht imstande war oder dies über anderem vernachlässigte, die Institution des Kaisertums zu solcher Klarheit auszubilden, daß sie bis an die fernsten Grenzen des Reiches unmittelbar und unablässig wirke.

It is true that it is mainly the fault of the government, which in the oldest empire on earth has not been able, or has neglected to this day, to develop the institution of the emperorship to such a degree of clarity that it has a direct and unrelenting effect even on the most distant borders of the empire.

23.9 Andererseits aber liegt doch auch darin eine Schwäche der Vorstellungs - oder Glaubenskraft beim Volke, welches nicht dazu gelangt, das Kaisertum aus der Pekinger Versunkenheit in aller Lebendigkeit und Gegenwärtigkeit an seine Untertanenbrust zu ziehen, die doch nichts besseres will, als einmal diese Berührung zu fühlen und an ihr zu vergehen.

On the other hand, there is also a weakness in the people's power of imagination or faith, which does not succeed in drawing the emperorship out of its Peking obscurity in all its vitality and presence to the breast of its subjects, who want nothing better than to feel this touch once and pass away from it.

24.1 Eine Tugend ist also diese Auffassung wohl nicht.

So this view is probably not a virtue.

24.2 Um so auffälliger ist es, daß gerade diese Schwäche eines der wichtigsten Einigungsmittel unseres Volkes zu sein scheint;

It is all the more striking that this very weakness seems to be one of the most important means of uniting our people;

ja, wenn man sich im Ausdruck soweit vorwagen
darf, geradezu der Boden, auf dem wir leben.
indeed, if one may venture so far in expression, it is the
very ground on which we live.

24.3

Hier einen Tadel ausführlich begründen, heißt nicht
an unserem Gewissen, sondern, was viel ärger ist, an
unseren Beinen rütteln.
To give detailed reasons for censure here is not to shake our
conscience, but, what is much worse, to shake our legs.

24.4

Und darum will ich in der Untersuchung dieser Frage
vorderhand nicht weiter gehen.
And that is why I do not want to go any further in
examining this question for the time being.

24.5

Der Riesenmaulwurf

The Giant Mole

1.1 Diejenigen, ich gehöre zu ihnen, die schon einen kleinen gewöhnlichen Maulwurf widerlich finden, wären wahrscheinlich vom Widerwillen getötet worden, wenn sie den Riesenmaulwurf gesehen hätten, der vor einigen Jahren in der Nähe eines kleinen Dorfes beobachtet worden ist, das dadurch eine gewisse vorübergehende Berühmtheit erlangt hat.

Those, and I am one of them, who find even a small ordinary mole disgusting, would probably have been killed by disgust if they had seen the giant mole that was observed a few years ago near a small village, which gained a certain temporary fame as a result.

Jetzt ist es allerdings schon längst wieder in
Vergessenheit geraten und teilt damit nur die
Ruhmlosigkeit der ganzen Erscheinung, die
vollständig unerklärt geblieben ist, die man aber
zu erklären sich auch nicht sehr bemüht hat und
die infolge einer unbegreiflichen Nachlässigkeit
jener Kreise, die sich darum hätten kümmern
sollen und die sich tatsächlich angestrengt um viel
geringfügigere Dinge kümmern, ohne genauere
Untersuchung vergessen worden ist.

1.2

Now, however, it has long since fallen into oblivion again,
and thus only shares the infamy of the whole phenomenon,
which has remained completely unexplained, but which
no great effort has been made to explain, and which has
been forgotten without closer investigation as a result
of an incomprehensible negligence on the part of those
circles who should have been concerned about it, and who
are in fact very much concerned about much more minor
matters.

Darin, daß das Dorf weit von der Eisenbahn abliegt,
kann jedenfalls keine Entschuldigung dafür
gefunden werden.

1.3

In any case, the fact that the village is far from the railroad
is no excuse.

Viele Leute kamen aus Neugierde von weither,
sogar aus dem Ausland, nur diejenigen, die mehr
als Neugierde hätten zeigen sollen, die kamen nicht.

1.4

Many people came from far away out of curiosity, even
from abroad, only those who should have shown more than
curiosity did not come.

1.5 Ja, hätten nicht einzelne ganz einfache Leute, Leute, deren gewöhnliche Tagesarbeit ihnen kaum ein ruhiges Aufatmen gestattete, hätten nicht diese Leute uneigennützig sich der Sache angenommen, das Gerücht von der Erscheinung wäre wahrscheinlich kaum über den nächsten Umkreis hinausgekommen.

Indeed, had it not been for a few ordinary people, people whose ordinary daily work hardly allowed them to breathe a sigh of relief, had these people not unselfishly taken up the cause, the rumor of the apparition would probably hardly have spread beyond the immediate vicinity.

1.6 Es muß zugegeben werden, daß selbst das Gerücht, das sich doch sonst kaum aufhalten läßt, in diesem Falle geradezu schwerfällig war;

It must be admitted that even the rumor, which otherwise can hardly be stopped, was downright sluggish in this case;

1.7 hätte man es nicht förmlich gestoßen,

if it had not been formally pushed,

1.8 es hätte sich nicht verbreitet.

it would not have spread.

1.9 Aber auch das war gewiß kein Grund, sich mit der Sache nicht zu beschäftigen, im Gegenteil, auch diese Erscheinung hätte noch untersucht werden müssen.

But even that was certainly no reason not to deal with the matter; on the contrary, this phenomenon should also have been investigated.

Statt dessen überließ man die einzige schriftliche 1.10
Behandlung des Falles dem alten Dorflehrer,
der zwar ein ausgezeichneter Mann in seinem
Berufe war, aber dessen Fähigkeiten ebensowenig
wie seine Vorbildung es ihm ermöglichten, eine
gründliche und weiterhin verwertbare Beschreibung,
geschweige denn eine Erklärung zu liefern.

Instead, the only written treatment of the case was left to
the old village teacher, who was an excellent man in his
profession, but whose skills and education did not allow
him to provide a thorough and usable description, let alone
an explanation.

Die kleine Schrift wurde gedruckt und an die 1.11
damaligen Besucher des Dorfes viel verkauft, sie
fand auch einige Anerkennung, aber der Lehrer war
klug genug einzusehen, daß seine vereinzelten, von
niemandem unterstützten Bemühungen im Grunde
wertlos waren.

The little pamphlet was printed and sold widely to visitors
to the village at the time, and it also received some
recognition, but the teacher was wise enough to realize
that his isolated efforts, unsupported by anyone, were
basically worthless.

1.12   Wenn er dennoch in ihnen nicht nachließ und die Sache, obwohl sie ihrer Natur nach von Jahr zu Jahr verzweifelter wurde, zu seiner Lebensaufgabe machte, so beweist das einerseits, wie groß die Wirkung war, welche die Erscheinung ausüben konnte, und andererseits, welche Anstrengung und Überzeugungstreue sich in einem alten, unbeachteten Dorflehrer vorfinden kann.

If he nevertheless persevered and made the cause his life's work, even though it became more desperate from year to year, this proves, on the one hand, the great effect the phenomenon could have and, on the other, the effort and loyalty to conviction that can be found in an old, unappreciated village teacher.

1.13   Daß er aber unter der abweisenden Haltung der maßgebenden Persönlichkeiten schwer gelitten hat, beweist ein kleiner Nachtrag, den er seiner Schrift folgen ließ, allerdings erst nach einigen Jahren, aber zu einer Zeit, als sich kaum jemand mehr erinnern konnte, worum es sich hier gehandelt hatte.

However, the fact that he suffered greatly from the dismissive attitude of the authoritative personalities is proven by a small addendum that he added to his writing, albeit only a few years later, but at a time when hardly anyone could remember what it was all about.

1.14   In diesem Nachtrag führt er, vielleicht nicht durch Geschicklichkeit, aber durch Ehrlichkeit überzeugend, Klage über die Verständnislosigkeit, die ihm bei Leuten begegnet ist, wo man sie am wenigsten hätte erwarten sollen.

In this addendum he complains, perhaps not convincingly through skill, but through honesty, about the lack of understanding he encountered from people where one should have least expected it.

Von diesen Leuten sagt er treffend: »Nicht ich, 1.15
He aptly says of these people: "Not me,

aber sie reden wie alte Dorflehrer.« 1.16
but they talk like old village teachers."

Und er führt unter anderem den Ausspruch eines 1.17
Gelehrten an, zu dem er eigens in seiner Sache
gefahren ist.
And he cites, among other things, the words of a scholar to
whom he traveled especially for his cause.

Der Name des Gelehrten ist nicht genannt, aber aus 1.18
verschiedenen Nebenumständen läßt sich erraten,
wer es gewesen ist.
The name of the scholar is not mentioned, but it can be
guessed from various incidental circumstances who it was.

Nachdem der Lehrer große Schwierigkeiten 1.19
überwunden hatte, überhaupt Einlaß zu erlangen,
merkte er schon bei der Begrüßung, daß der Gelehrte
in einem unüberwindbaren Vorurteil in betreff
seiner Sache befangen war.
After the teacher had overcome great difficulties in gaining
admittance at all, he realized as soon as he greeted him that
the scholar was caught up in an insurmountable prejudice
concerning his cause.

In welcher Zerstreutheit er dem langen Bericht 1.20
des Lehrers zuhörte, den dieser an der Hand seiner
Schrift erstattete, zeigte sich in der Bemerkung, die
er nach einiger scheinbarer Überlegung machte:
The absent-mindedness with which he listened to the
teacher's long report, which he gave on the basis of his
writing, was evident in the remark he made after some
apparent deliberation:

1.21 »Die Erde ist doch in Ihrer Gegend besonders schwarz und schwer.

"The earth is particularly black and heavy in your region."

1.22 Nun,

Well,

1.23 sie gibt deshalb auch den Maulwürfen besonders fette Nahrung und sie werden ungewöhnlich groß.«

that's why it provides the moles with particularly rich food and they grow unusually large."

1.24 »Aber so groß doch nicht«, rief der Lehrer und maß, in seiner Wut ein wenig übertreibend, zwei Meter an der Wand ab.

"But not that big", exclaimed the teacher and, exaggerating a little in his anger, measured two meters along the wall.

1.25 »O doch«, antwortete der Gelehrte, dem das Ganze offenbar sehr spaßhaft vorkam.

"Oh yes", replied the scholar, who obviously found the whole thing very amusing.

1.26 Mit diesem Bescheide fuhr der Lehrer nach Hause zurück.

The teacher returned home with this verdict.

1.27 Er erzählt, wie ihn am Abend im Schneefall auf der Landstraße seine Frau und seine sechs Kinder erwartet hätten und wie er ihnen das endgültige Mißlingen seiner Hoffnungen bekennen mußte.

He recounts how his wife and six children were waiting for him that evening in the snowfall on the country road and how he had to confess to them the ultimate failure of his hopes.

Als ich von dem Verhalten des Gelehrten gegenüber
dem Lehrer las,

2.1

When I read about the scholar's behavior towards the
teacher,

kannte ich noch gar nicht die Hauptschrift des
Lehrers.

2.2

I was not yet familiar with the teacher's main writing.

Aber ich entschloß mich, sofort alles, was ich über
den Fall in Erfahrung bringen konnte, selbst zu
sammeln und zusammenzustellen.

2.3

But I decided to immediately collect and compile
everything I could find out about the case myself.

Da ich dem Gelehrten nicht die Faust vor das Gesicht
halten konnte, sollte wenigstens meine Schrift den
Lehrer verteidigen oder, besser ausgedrückt, nicht so
sehr den Lehrer als die gute Absicht eines ehrlichen,
aber einflußlosen Mannes.

2.4

Since I could not hold my fist up to the scholar's face, at
least my writing should defend the teacher or, to put it
better, not so much the teacher as the good intentions of an
honest but uninfluential man.

Ich gestehe, ich bereute später diesen Entschluß,
denn ich fühlte bald, daß seine Ausführung mich in
eine wunderbare Lage bringen mußte.

2.5

I confess I later regretted this decision, for I soon felt that
its execution must put me in a wonderful position.

2.6 Einerseits war auch mein Einfluß bei weitem nicht hinreichend, um den Gelehrten oder gar die öffentliche Meinung zugunsten des Lehrers umzustimmen, andererseits aber mußte der Lehrer merken, daß mir an seiner Hauptabsicht, dem Nachweis der Erscheinung des großen Maulwurfes, weniger lag als an der Verteidigung seiner Ehrenhaftigkeit, die ihm wiederum selbstverständlich und keiner Verteidigung bedürftig schien.

On the one hand, my influence was by no means sufficient to change the scholar's or even public opinion's mind in favor of the teacher, but on the other hand, the teacher must have realized that I was less interested in his main intention, the proof of the great mole's appearance, than in defending his honorableness, which seemed to him to be self-evident and in need of no defense.

2.7 Es mußte also dahin kommen, daß ich, der ich mich dem Lehrer verbinden wollte, bei ihm kein Verständnis fand, und wahrscheinlich, statt zu helfen, für mich einen neuen Helfer brauchen würde, dessen Auftreten wohl sehr unwahrscheinlich war.

So it was bound to happen that I, who wanted to join the teacher, would find no sympathy from him, and probably, instead of helping, would need a new helper for myself, whose appearance was very unlikely.

2.8 Außerdem bürdete ich mir mit meinem Entschluß eine große Arbeit auf.

Besides, I was taking on a great deal of work with my decision.

2.9 Wollte ich überzeugen, so durfte ich mich nicht auf den Lehrer berufen, der ja nicht hatte überzeugen können.

If I wanted to be convincing, I could not refer to the teacher, who had not been able to convince me.

Die Kenntnis seiner Schrift hätte mich nur beirrt und ich vermied es daher, sie vor Beendigung meiner eigenen Arbeit zu lesen.

2.10

Knowledge of his writing would only have misled me and I therefore avoided reading it before finishing my own work.

Ja, ich trat nicht einmal mit dem Lehrer in Verbindung.

2.11

In fact, I didn't even contact the teacher.

Allerdings erfuhr er durch Mittelspersonen von meinen Untersuchungen, aber er wußte nicht, ob ich in seinem Sinne arbeitete oder gegen ihn.

2.12

He did find out about my investigations through intermediaries, but he didn't know whether I was working in his interests or against him.

Ja, er vermutete wahrscheinlich sogar das letztere, wenn er es später auch leugnete, denn ich habe Beweise darüber, daß er mir verschiedene Hindernisse in den Weg gelegt hat.

2.13

Yes, he probably even suspected the latter, even if he later denied it, because I have proof that he put various obstacles in my way.

Das konnte er sehr leicht, denn ich war ja gezwungen, alle Untersuchungen, die er schon durchgeführt hatte, nochmals vorzunehmen und er konnte mir daher immer zuvorkommen.

2.14

He could do that very easily, because I was forced to repeat all the investigations he had already carried out and he could therefore always get ahead of me.

2.15   Das war aber der einzige Vorwurf, der meiner
Methode mit Recht gemacht werden konnte,
übrigens ein unausweichlicher Vorwurf, der aber
durch die Vorsicht, ja Selbstverleugnung meiner
Schlußfolgerungen sehr entkräftet wurde.

But that was the only reproach that could justifiably be
made against my method, an unavoidable reproach,
incidentally, but one that was greatly invalidated by the
caution, indeed self-denial, of my conclusions.

2.16   Sonst aber war meine Schrift von jeder
Einflußnahme des Lehrers frei, vielleicht hatte ich
in diesem Punkte sogar allzu große Peinlichkeit
bewiesen, es war durchaus so, als hätte bisher
niemand den Fall untersucht, als wäre ich der erste,
der die Augen - und Ohrenzeugen verhörte, der erste,
der die Angaben aneinanderreihte, der erste, der
Schlüsse zog.

Otherwise, however, my writing was free of any influence
from the teacher, perhaps I had even shown too much
embarrassment in this point, it was quite as if no one
had investigated the case before, as if I were the first to
interrogate the eye and ear witnesses, the first to string the
statements together, the first to draw conclusions.

2.17   Als ich später die Schrift des Lehrers las –

When I later read the teacher's paper –

2.18   sie hatte einen sehr umständlichen Titel:

it had a very awkward title:

2.19   »Ein Maulwurf, so groß, wie ihn noch niemand
gesehen hat« – ,

"A mole as big as no one has ever seen" – ,

fand ich tatsächlich, daß wir in wesentlichen Punkten nicht übereinstimmten, wenn wir auch beide die Hauptsache, nämlich die Existenz des Maulwurfs, bewiesen zu haben glaubten. 2.20

I actually found that we did not agree on essential points, even though we both believed we had proved the main point, namely the existence of the mole.

Immerhin verhinderten jene einzelnen Meinungsverschiedenheiten die Entstehung eines freundschaftlichen Verhältnisses zum Lehrer, das ich eigentlich trotz allem erwartet hatte. 2.21

In any case, these individual differences of opinion prevented the development of a friendly relationship with the teacher, which I had actually expected despite everything.

Es entwickelte sich fast eine gewisse Feindseligkeit von seiner Seite. 2.22

A certain hostility almost developed on his part.

Er blieb zwar immer bescheiden und demütig mir gegenüber, 2.23

He always remained modest and humble towards me,

aber desto deutlicher konnte man seine wirkliche Stimmung merken. 2.24

but his real mood was all the more obvious.

Er war nämlich der Meinung, daß ich ihm mit der Sache durchaus geschadet habe, und daß mein Glaube, ich hätte ihm genützt oder nützen können, im besten Fall Einfältigkeit, wahrscheinlich aber Anmaßung oder Hinterlist sei. 2.25

He was of the opinion that I had done him a great deal of harm in the matter, and that my belief that I had benefited or could have benefited him was at best simple-mindedness, but probably presumption or deceit.

230

2.26 Vor allem wies er öfters darauf hin, daß alle seine bisherigen Gegner ihre Gegnerschaft überhaupt nicht oder bloß unter vier Augen oder wenigstens nur mündlich gezeigt hätten, während ich es für nötig gehalten hätte, alle meine Aussetzungen sofort drucken zu lassen.

Above all, he often pointed out that all his previous opponents had not shown their opposition at all or only in private or at least only verbally, whereas I had thought it necessary to have all my exposures printed immediately.

2.27 Außerdem hätten die wenigen Gegner,

Moreover,

2.28 welche sich wirklich mit der Sache,

the few opponents who had really dealt with the matter,

2.29 wenn auch nur oberflächlich,

even if only superficially,

2.30 beschäftigt hätten, doch wenigstens seine, des Lehrers Meinung,

would at least have listened to his, the teacher's, opinion,

2.31 also die hier maßgebende Meinung angehört,

i.e. the authoritative opinion here,

2.32 ehe sie sich selber geäußert hätten,

before they expressed themselves,

2.33 ich aber hätte aus unsystematisch gesammelten und zum Teil mißverstandenen Angaben Ergebnisse hervorgebracht,

but I would have produced results from unsystematically collected and partly misunderstood information,

die, selbst wenn sie in der Hauptsache richtig waren,   2.34
which, even if they were correct in the main,

doch unglaubwürdig wirken mußten,   2.35
must have seemed untrustworthy,

und zwar sowohl auf die Menge als auch auf die   2.36
Gebildeten.
both to the crowd and to the educated.

Der schwächste Schein der Unglaubwürdigkeit wäre   2.37
aber das Schlimmste, was hier geschehen konnte.
But the weakest appearance of untrustworthiness would be
the worst thing that could happen here.

Auf diese, wenn auch verhüllt vorgebrachten,   3.1
Vorwürfe hätte ich ihm leicht antworten können –
I could easily have replied to these accusations, even if they
were veiled –

so stellte zum Beispiel gerade seine Schrift wohl den   3.2
Höhepunkt der Unglaubwürdigkeit dar –,
his writing, for example, was probably the height of
implausibility –

weniger leicht aber war es, gegen seinen sonstigen   3.3
Verdacht anzukämpfen, und das war der Grund,
warum ich mich überhaupt im ganzen ihm gegenüber
sehr zurückhielt.
but it was less easy to fight against his other suspicions, and
that was the reason why I generally kept a very low profile
towards him.

3.4 Er glaubte nämlich im geheimen, daß ich ihn um den Ruhm hatte bringen wollen, der erste öffentliche Fürsprecher des Maulwurfs zu sein.

He secretly believed that I had wanted to deprive him of the glory of being the mole's first public advocate.

3.5 Nun war ja für seine Person gar kein Ruhm vorhanden, sondern nur eine Lächerlichkeit, die sich aber auch auf einen immer kleineren Kreis einschränkte und um die ich mich gewiß nicht bewerben wollte.

Now there was no fame for his person at all, but only ridicule, which was limited to an ever smaller circle and which I certainly did not want to compete for.

3.6 Außerdem aber hatte ich in der Einleitung zu meiner Schrift ausdrücklich erklärt,

Moreover,

3.7 daß der Lehrer für alle Zeiten als Entdecker des Maulwurfs zu gelten habe – der Entdecker aber war er nicht einmal - und daß nur die Anteilnahme am Schicksal des Lehrers mich zur Abfassung der Schrift gedrängt habe.

I had expressly stated in the introduction to my writing that the teacher was to be regarded for all time as the discoverer of the mole - but he was not even the discoverer - and that only sympathy for the fate of the teacher had urged me to write the book.

3.8 »Der Zweck dieser Schrift ist es«, – so schloß ich allzu pathetisch, aber es entsprach meiner damaligen Erregung –

"The purpose of this writing", I concluded all too pathetically, but it was in keeping with my excitement at the time,

»der Schrift des Lehrers zur verdienten Verbreitung
zu helfen.

3.9

"is to help the teacher's writing achieve the distribution it
deserves.

Gelingt dies, dann soll mein Name, der
vorübergehend und nur äußerlich in diese
Angelegenheit verwickelt wird, sofort aus ihr
gelöscht werden.«

3.10

If this succeeds, then my name, which is temporarily and
only externally involved in this matter, should be removed
from it immediately."

Ich wehrte also geradezu jede größere Beteiligung an
der Sache ab;

3.11

So I virtually rejected any major involvement in the matter;

es war fast, als hätte ich irgendwie den unglaublichen
Vorwurf des Lehrers vorausgeahnt.

3.12

it was almost as if I had somehow anticipated the teacher's
unbelievable accusation.

Trotzdem fand er gerade in dieser Stelle die
Handhabe gegen mich, und ich leugne nicht, daß
eine scheinbare Spur von Berechtigung in dem, was
er sagte oder vielmehr andeutete, enthalten war, wie
mir überhaupt einigemal auffiel, daß er in mancher
Hinsicht mir gegenüber fast mehr Scharfsinn zeigte
als in seiner Schrift.

3.13

Nevertheless, it was precisely in this passage that he
found the case against me, and I do not deny that there
was an apparent trace of justification in what he said, or
rather implied, just as I noticed several times that in some
respects he showed almost more perspicacity towards me
than in his writing.

3.14 Er behauptete nämlich, meine Einleitung sei
doppelzüngig.

For he claimed that my introduction was duplicitous.

3.15 Wenn mir wirklich nur daran lag, seine Schrift
zu verbreiten, warum befaßte ich mich nicht
ausschließlich mit ihm und seiner Schrift,
warum zeigte ich nicht ihre Vorzüge, ihre
Unwiderlegbarkeit, warum beschränkte ich mich
nicht darauf, die Bedeutung der Entdeckung
hervorzuheben und begreiflich zu machen, warum
drängte ich mich vielmehr unter vollständiger
Vernachlässigung der Schrift in die Entdeckung
selbst.

If I was really only interested in spreading his writing, why
did I not deal exclusively with him and his writing, why did
I not show its merits, its irrefutability, why did I not limit
myself to emphasizing the importance of the discovery and
making it comprehensible, why did I rather push myself
into the discovery itself, completely neglecting the writing.

3.16 War sie etwa nicht schon getan?

Was it not already done?

3.17 Blieb etwa in dieser Hinsicht noch etwas zu tun
übrig?

Was there anything left to do in this respect?

3.18 Wenn ich aber wirklich glaubte, die Entdeckung
noch einmal machen zu müssen, warum sagte ich
mich dann in der Einleitung von der Entdeckung so
feierlich los?

But if I really believed that I had to make the discovery
again, why did I so solemnly renounce the discovery in the
introduction?

3.19 Das hätte heuchlerische Bescheidenheit sein können,

It could have been hypocritical modesty,

aber es war etwas Ärgeres.   3.20
but it was something more annoying.

Ich entwertete die Entdeckung, ich machte auf sie   3.21
aufmerksam nur zu dem Zweck, sie zu entwerten,
während er sie doch erforscht und beiseite gelegt
hatte.
I devalued the discovery, I drew attention to it for the sole
purpose of devaluing it, whereas he had researched it and
put it aside.

Es war vielleicht rings um diese Sache ein wenig   3.22
stiller geworden, nun machte ich wieder Lärm,
machte aber gleichzeitig die Lage des Lehrers
schwieriger, als sie jemals gewesen war.
It had perhaps become a little quieter around this matter,
now I was making noise again, but at the same time making
the teacher's situation more difficult than it had ever been.

Was bedeutete denn für den Lehrer die Verteidigung   3.23
seiner Ehrenhaftigkeit!
What did it mean for the teacher to defend his honor!

An der Sache, nur an der Sache lag ihm.   3.24
He was only interested in the matter at hand.

Diese aber verriet ich, weil ich sie nicht verstand,   3.25
weil ich sie nicht richtig einschätzte, weil ich keinen
Sinn für sie hatte.
But I betrayed her because I didn't understand her, because
I didn't appreciate her properly, because I had no sense of
her.

Sie ging himmelhoch über meinen Verstand hinaus.   3.26
It was beyond my comprehension.

3.27 Er saß vor mir und sah mich mit seinem alten, faltigen Gesicht ruhig an, und doch war nur dieses seine Meinung.

He sat in front of me and looked at me calmly with his old, wrinkled face, and yet this was his opinion alone.

3.28 Allerdings war es nicht richtig, daß ihm nur an der Sache lag, er war sogar recht ehrgeizig und wollte auch Geld gewinnen, was mit Rücksicht auf seine zahlreiche Familie sehr begreiflich war.

However, it was not true that he was only interested in the matter, he was even quite ambitious and also wanted to win money, which was very understandable considering his numerous family.

3.29 Trotzdem schien ihm mein Interesse an der Sache vergleichsweise so gering, daß er glaubte, sich als vollständig uneigennützig hinstellen zu dürfen, ohne eine allzu große Unwahrheit zu sagen.

Nevertheless, my interest in the matter seemed so small in comparison that he believed he could present himself as completely disinterested without telling too great an untruth.

3.30 Und es genügt tatsächlich nicht einmal für meine innere Befriedigung, wenn ich mir sagte, daß die Vorwürfe des Mannes im Grunde nur darauf zurückgehen, daß er gewissermaßen seinen Maulwurf mit beiden Händen festhält und jeden, der ihm nur mit dem Finger nahe kommen will, einen Verräter nennt.

And in fact it was not even enough for my inner satisfaction when I told myself that the man's accusations were basically only due to the fact that he was holding his mole with both hands, so to speak, and calling anyone who tried to come near him a traitor.

Es war nicht so, sein Verhalten war nicht durch 3.31
Geiz, wenigstens nicht durch Geiz allein zu
erklären, eher durch die Gereiztheit, welche seine
großen Anstrengungen und deren vollständige
Erfolglosigkeit in ihm hervorgerufen hatten.

It was not so; his behavior could not be explained by
avarice, at least not by avarice alone, but rather by the
irritation that his great efforts and their complete lack of
success had caused in him.

Aber auch die Gereiztheit erklärte nicht alles. 3.32

But even irritation did not explain everything.

Vielleicht war mein Interesse an der Sache wirklich 3.33
zu gering.

Perhaps my interest in the matter was really too small.

An Fremden war für den Lehrer Interesselosigkeit 3.34
schon etwas Gewöhnliches, er litt darunter im
allgemeinen, aber nicht mehr im einzelnen.

For the teacher, lack of interest in strangers was already
something common; he suffered from it in general, but no
longer in particular.

Hier aber hatte sich endlich einer gefunden, der sich 3.35
der Sache in außerordentlicher Weise annahm, und
selbst dieser begriff die Sache nicht.

Here, however, someone had finally been found who took
an extraordinary interest in the matter, and even he didn't
understand it.

Einmal in diese Richtung gedrängt, 3.36

Once pushed in this direction,

wollte ich gar nicht leugnen. 3.37

I didn't want to deny it.

238

3.38 Ich bin kein Zoologe, vielleicht hätte ich mich für diesen Fall, wenn ich ihn selbst entdeckt hätte, bis auf den Herzensgrund ereifert, aber ich hatte ihn doch nicht entdeckt.

I am not a zoologist, perhaps if I had discovered it myself I would have been excited to the bottom of my heart, but I had not discovered it.

3.39 Ein so großer Maulwurf ist gewiß eine Merkwürdigkeit, aber die dauernde Aufmerksamkeit der ganzen Welt darf man nicht dafür verlangen, besonders wenn die Existenz des Maulwurfs nicht vollständig einwandfrei festgestellt ist und man ihn jedenfalls nicht vorführen kann.

Such a large mole is certainly an oddity, but one should not demand the constant attention of the whole world for it, especially when the existence of the mole has not been fully established and it cannot be demonstrated.

3.40 Und ich gestand auch ein, daß ich mich wahrscheinlich für den Maulwurf selbst, wenn ich der Entdecker gewesen wäre, niemals so eingesetzt hätte, wie ich es für den Lehrer gern und freiwillig tat.

And I also admitted that if I had been the discoverer of the mole, I would probably never have done as much for it as I did for the teacher.

4.1 Nun hätte sich wahrscheinlich die Nichtübereinstimmung zwischen mir und dem Lehrer bald aufgelöst,

Now,

4.2 wenn meine Schrift Erfolg gehabt hätte.

the disagreement between me and the teacher would probably have been resolved soon if my writing had been successful.

Aber gerade dieser Erfolg blieb aus.

4.3

But precisely this success failed to materialize.

Vielleicht war sie nicht gut, nicht überzeugend genug
geschrieben, ich bin Kaufmann, die Abfassung einer
solchen Schrift geht vielleicht über den mir gesetzten
Kreis noch weiter hinaus, als dies beim Lehrer der
Fall war, obwohl ich allerdings in allen hierfür
nötigen Kenntnissen den Lehrer bei weitem übertraf.

4.4

Perhaps it was not written well enough, not convincingly
enough, I am a businessman, the writing of such a paper
perhaps goes even further beyond the circle set for me than
was the case with the teacher, even though I far surpassed
the teacher in all the necessary knowledge.

Auch ließ sich der Mißerfolg noch anders deuten,

4.5

The failure could also be interpreted differently,

der Zeitpunkt des Erscheinens war vielleicht
ungünstig.

4.6

the timing of the publication was perhaps unfavorable.

Die Entdeckung des Maulwurfes, die nicht hatte
durchdringen können, lag einerseits nicht
so weit zurück, als daß man sie vollständig
vergessen hätte und durch meine Schrift also etwa
überrascht worden wäre, andererseits aber war Zeit
genug vergangen, um das geringe Interesse, das
ursprünglich vorhanden gewesen war, gänzlich zu
erschöpfen.

4.7

On the one hand, the discovery of the mole, which had
not been able to penetrate, was not so far in the past as to
have been completely forgotten and thus surprised by my
writing, but on the other hand, enough time had passed to
completely exhaust the little interest that had originally
existed.

4.8 Jene, die sich überhaupt über meine Schrift Gedanken machten, sagten sich mit einer Trostlosigkeit, die schon vor Jahren diese Diskussion beherrscht hatte, daß nun wohl wieder die nutzlosen Anstrengungen für diese öde Sache beginnen sollen, und manche verwechselten sogar meine Schrift mit der des Lehrers.

Those who were at all concerned about my writing said to themselves, with a desolation that had already dominated this discussion years ago, that now the useless efforts for this dull cause should probably begin again, and some even confused my writing with that of the teacher.

4.9 In einer führenden landwirtschaftlichen Zeitschrift fand sich folgende Bemerkung,

The following comment appeared in a leading agricultural magazine,

4.10 glücklicherweise nur zum Schluß und klein gedruckt:

fortunately only at the end and in small print:

4.11 »Die Schrift über den Riesenmaulwurf ist uns wieder zugeschickt worden.

"The paper on the giant mole has been sent to us again.

4.12 Wir erinnern uns, schon einmal vor Jahren über sie herzlich gelacht zu haben.

We remember having laughed heartily at it years ago.

4.13 Sie ist seitdem nicht klüger geworden und wir nicht dümmer.

She hasn't gotten any smarter since then and we haven't gotten any dumber.

4.14 Bloß lachen können wir nicht zum zweitenmal.

We just can't laugh a second time.

Dagegen fragen wir unsere Lehrervereinigungen, ob ein Dorfschullehrer nicht nützlichere Arbeit finden kann, als Riesenmaulwürfen nachzujagen.«

4.15

On the other hand, we ask our teachers' associations whether a village school teacher can't find more useful work than chasing after giant moles."

Eine unverzeihliche Verwechslung!

4.16

An unforgivable mistake!

Man hatte weder die erste, noch die zweite Schrift gelesen, und die zwei armseligen in der Eile aufgeschnappten Worte Riesenmaulwurf und Dorfschullehrer genügten schon den Herren, um sich als Vertreter anerkannter Interessen in Szene zu setzen.

4.17

Neither the first nor the second scripture had been read, and the two poor words giant mole and village school teacher, picked up in a hurry, were enough for the gentlemen to present themselves as representatives of recognized interests.

Dagegen hätte gewiß Verschiedenes mit Erfolg unternommen werden können,

4.18

There were certainly various things that could have been done successfully,

aber die mangelnde Verständigung mit dem Lehrer hielt mich davon ab.

4.19

but the lack of communication with the teacher prevented me from doing so.

Ich versuchte vielmehr, die Zeitschrift vor ihm geheimzuhalten, so lange es mir möglich war.

4.20

Instead, I tried to keep the magazine secret from him for as long as I could.

4.21 Aber er entdeckte sie sehr bald, ich erkannte es schon aus einer Bemerkung in einem Brief, in dem er mir seinen Besuch für die Weihnachtsfeiertage in Aussicht stellte.

But he soon discovered it, as I realized from a remark in a letter in which he promised me a visit over the Christmas holidays.

4.22 Er schrieb dort:

He wrote there:

4.23 »Die Welt ist schlecht und man macht es ihr leicht«, womit er ausdrücken wollte, daß ich zu der schlechten Welt gehöre, mich aber mit der mir innewohnenden Schlechtigkeit nicht begnüge, sondern es der Welt auch noch leicht mache, das heißt, tätig bin, um die allgemeine Schlechtigkeit hervorzulocken und ihr zum Sieg zu verhelfen.

"The world is bad and you make it easy for it", by which he meant that I belonged to the bad world, but that I was not content with my inherent badness, but also made it easy for the world, that is, I was active in luring out the general badness and helping it to triumph.

4.24 Nun, ich hatte schon die nötigen Entschlüsse gefaßt, konnte ihn ruhig erwarten und ruhig zusehen, wie er ankam, sogar weniger höflich grüßte als sonst, sich stumm mir gegenübersetzte, sorgfältig aus der Brusttasche seines eigentümlich wattierten Rockes die Zeitschrift hervorzog und sie aufgeschlagen vor mich hinschob.

Well, I had already made the necessary decisions, could wait for him calmly and watch calmly as he arrived, greeted me even less politely than usual, sat silently opposite me, carefully pulled the magazine out of the breast pocket of his peculiarly padded skirt and pushed it open in front of me.

»Ich kenne es«,   4.25

"I know it",

sagte ich und schob die Zeitschrift ungelesen wieder   4.26
zurück.

I said and pushed the magazine back again without
reading it.

»Sie kennen es«, sagte er seufzend, er hatte die   4.27
alte Lehrergewohnheit, fremde Antworten zu
wiederholen.

"You know it", he said with a sigh, he had the old teacher's
habit of repeating other people's answers.

»Ich werde das natürlich nicht ohne Abwehr   4.28
hinnehmen«, fuhr er fort, tippte aufgeregt mit dem
Finger auf die Zeitschrift und sah mich dabei scharf
an, als wäre ich der entgegengesetzten Meinung;

"I shall not, of course, accept it without defense", he
continued, tapping the magazine excitedly with his finger
and looking at me sharply, as if I were of the opposite
opinion;

eine Ahnung dessen, was ich sagen wollte, hatte er   4.29
wohl;

he probably had an idea of what I wanted to say;

ich habe auch sonst nicht so sehr aus seinen Worten,   4.30
als aus sonstigen Zeichen zu bemerken geglaubt,
daß er oft eine sehr richtige Empfindung für meine
Absichten hatte, ihr aber nicht nachgab und sich
ablenken ließ.

I did not think I noticed so much from his words as from
other signs that he often had a very correct feeling for my
intentions, but did not give in to it and allowed himself to
be distracted.

4.31 Das, was ich ihm damals sagte, kann ich fast wortgetreu wiedergeben, da ich es kurz nach der Unterredung notiert habe.

What I said to him then I can reproduce almost verbatim, as I wrote it down shortly after the conversation.

4.32 »Tut, was Ihr wollt«, sagte ich,

"Do what you like", I said,

4.33 »unsere Wege scheiden sich von heute ab.

"our paths part today.

4.34 Ich glaube, daß es Euch weder unerwartet, noch ungelegen kommt.

I believe that it is neither unexpected nor inconvenient for you.

4.35 Die Notiz hier in der Zeitschrift ist nicht die Ursache meines Entschlusses,

The note here in the journal is not the cause of my decision,

4.36 sie hat ihn bloß endgültig befestigt;

it has merely made it definite;

4.37 die eigentliche Ursache liegt darin, daß ich ursprünglich glaubte, Euch durch mein Auftreten nützen zu können, während ich jetzt sehen muß, daß ich Euch in jeder Richtung geschadet habe.

the real cause lies in the fact that I originally believed I could be of use to you by my appearance, whereas I must now see that I have done you harm in every way.

Warum es sich so gewendet hat, weiß ich nicht, 4.38
die Gründe für Erfolg und Mißerfolg sind immer
vieldeutig, sucht nicht nur jene Deutungen hervor,
die gegen mich sprechen.

I don't know why things have turned out this way; the
reasons for success and failure are always ambiguous, don't
just look for those interpretations that speak against me.

Denkt an Euch, auch Ihr hattet die besten Absichten 4.39
und doch Mißerfolg, wenn man das Ganze ins Auge
faßt.

Think of yourself, you too had the best of intentions and yet
failed when you look at the big picture.

Ich meine es nicht im Scherz, es geht ja gegen mich 4.40
selbst, wenn ich sage, daß auch die Verbindung mit
mir leider zu Euren Mißerfolgen zählt.

I do not mean it in jest, it is against myself when I say that
the connection with me is unfortunately also one of your
failures.

Daß ich mich jetzt von der Sache zurückziehe, ist 4.41
weder Feigheit noch Verrat.

The fact that I am now withdrawing from the matter is
neither cowardice nor betrayal.

Es geschieht sogar nicht ohne Selbstüberwindung; 4.42

In fact, it is not without self-conquest;

wie sehr ich Eure Person achte, geht schon aus 4.43
meiner Schrift hervor, Ihr seid mir in gewisser
Hinsicht ein Lehrer geworden, und sogar der
Maulwurf wurde mir fast lieb.

how much I respect your person is already clear from
my writing, you have become a teacher to me in certain
respects, and even the mole has almost become dear to me.

4.44 Trotzdem trete ich beiseite, Ihr seid der Entdecker, und wie ich es auch anstellen wollte, ich hindere immer, daß der mögliche Ruhm Euch trifft, während ich den Mißerfolg anziehe und auf Euch weiterleite.

Nevertheless, I step aside, you are the discoverer, and however I want to do it, I always prevent the possible glory from coming to you, while I attract the failure and pass it on to you.

4.45 Wenigstens ist dies Eure Meinung. Genug davon.

At least that is your opinion. Enough of this.

4.46 Die einzige Buße, die ich auf mich nehmen kann, ist, daß ich Euch um Verzeihung bitte und wenn Ihr es verlangt, das Geständnis, das ich Euch hier gemacht habe, auch öffentlich, zum Beispiel in dieser Zeitschrift, wiederhole.«

The only penance I can accept is to ask your forgiveness and, if you wish, to repeat the confession I have made to you here in public, for example in this magazine."

5.1 Das waren damals meine Worte, sie waren nicht ganz aufrichtig, aber das Aufrichtige war ihnen leicht zu entnehmen.

Those were my words at the time, they were not entirely sincere, but the sincerity was easy to take from them.

5.2 Meine Erklärung wirkte auf ihn so, wie ich es ungefähr erwartet hatte.

My explanation had the effect on him that I had expected.

5.3 Die meisten alten Leute haben jüngeren gegenüber etwas Täuschendes,

Most old people have something deceptive,

5.4 etwas Lügnerisches in ihrem Wesen,

something lying in their nature towards younger people,

man lebt ruhig neben ihnen fort,   5.5
one lives quietly next to them,

glaubt das Verhältnis gesichert,   5.6
believes the relationship is secure,

kennt die vorherrschenden Meinungen,   5.7
knows the prevailing opinions,

bekommt fortwährend Bestätigungen des Friedens,   5.8
constantly receives confirmations of peace,

hält alles für selbstverständlich und plötzlich,   5.9
takes everything for granted and suddenly,

wenn sich doch etwas Entscheidendes ereignet und   5.10
die so lange vorbereitete Ruhe wirken sollte,
when something decisive happens and the calm that has
been prepared for so long should take effect,

erheben sich diese alten Leute wie Fremde, haben   5.11
tiefere,
these old people rise up like strangers, have deeper,

stärkere Meinungen,   5.12
stronger opinions,

entfalten förmlich jetzt erst ihre Fahne und man liest   5.13
darauf mit Schrecken den neuen Spruch.
literally unfurl their banner only now and one reads the
new slogan on it with horror.

5.14 Dieser Schrecken stammt vor allem daher, weil das, was die Alten jetzt sagen, wirklich viel berechtigter, sinnvoller, und als ob es eine Steigerung des Selbstverständlichen gäbe, noch selbstverständlicher ist.

This horror stems above all from the fact that what the old people are now saying is really much more justified, more sensible and, as if there were a heightening of the self-evident, even more self-evident.

5.15 Das unübertrefflich Lügnerische daran aber ist, daß sie das, was sie jetzt sagen, im Grunde immer gesagt haben.

But the unsurpassably mendacious thing about it is that what they are saying now is what they have basically always said.

5.16 Ich muß mich tief in diesen Dorfschullehrer eingebohrt haben, daß er mich jetzt nicht ganz überraschte.

I must have dug deep into this village schoolteacher so that he didn't quite surprise me now.

5.17 »Kind«, sagte er, legte seine Hand auf die meine und rieb sie freundschaftlich,

"Child", he said, putting his hand on mine and rubbing it amicably,

5.18 »wie kamt Ihr denn überhaupt auf den Gedanken, Euch auf diese Sache einzulassen?

"how did you even think of getting involved in this?

5.19 – Gleich als ich zum erstenmal davon hörte,

– As soon as I heard about it for the first time,

5.20 sprach ich mit meiner Frau darüber.«

I spoke to my wife about it."

Er rückte vom Tische ab, breitete die Arme aus und blickte zu Boden, als stehe dort unten winzig seine Frau und er spreche mit ihr.   5.21

He moved away from the table, spread out his arms and looked down as if his wife was standing there, tiny, and he was talking to her.

»›So viele Jahre‹, sagte ich zu ihr, ›kämpfen wir allein, jetzt aber scheint in der Stadt ein hoher Gönner für uns einzutreten, ein städtischer Kaufmann, namens Soundso.   5.22

"'For so many years,' I said to her, 'we have been fighting alone, but now there seems to be a great benefactor in the city who is standing up for us, a city merchant named so-and-so.

Jetzt sollten wir uns doch sehr freuen, nicht?   5.23

We should be very happy now, shouldn't we?

Ein Kaufmann in der Stadt bedeutet nicht wenig;   5.24

A merchant in the town means not a little;

wenn ein lumpiger Bauer uns glaubt und es ausspricht, so kann uns das nichts helfen, denn was ein Bauer macht, ist immer unanständig, ob er nun sagt: Der alte Dorfschullehrer hat recht, oder ob er etwa unpassenderweise ausspuckt, beides ist in der Wirkung einander gleich.   5.25

if a lumpen peasant believes us and says so, it can do us no good, for what a peasant does is always indecent, whether he says, 'The old village schoolmaster is right,' or whether he spits out inappropriately, both have the same effect.

Und stehen statt des einen Bauern zehntausend Bauern auf,   5.26

And if ten thousand peasants stand up instead of one,

5.27 so ist die Wirkung womöglich noch schlechter.

the effect may be even worse.

5.28 Ein Kaufmann in der Stadt ist dagegen etwas anderes, ein solcher Mann hat Verbindungen, selbst das, was er nur nebenbei sagt, spricht sich in weiteren Kreisen herum, neue Gönner nehmen sich der Sache an, einer sagt zum Beispiel: Auch von Dorfschullehrern kann man lernen, und am nächsten Tag flüstern es sich schon eine Menge von Leuten zu, von denen man es, nach ihrem Äußeren zu schließen, niemals annehmen würde.

A merchant in the city, on the other hand, is something else, such a man has connections, even what he says only in passing gets around in wider circles, new patrons take up the cause, one says, for example, "You can learn from village schoolteachers too", and the next day a lot of people whisper it to each other, from whom, judging by their outward appearance, one would never assume it.

5.29 Jetzt finden sich Geldmittel für die Sache, einer sammelt und die anderen zahlen ihm das Geld in die Hand, man meint, der Dorfschullehrer müsse aus dem Dorf hervorgeholt werden, man kommt, kümmert sich nicht um sein Aussehen, nimmt ihn in die Mitte und, da sich die Frau und die Kinder an ihn hängen, nimmt man auch sie mit.

Now funds are found for the cause, one collects and the others pay the money into his hand, one thinks that the village schoolteacher must be brought out of the village, one comes, does not care about his appearance, takes him into the midst and, since the wife and children are attached to him, one takes them along too.

5.30 Hast du schon Leute aus der Stadt beobachtet?

Have you seen people from the city?

251

Das zwitschert unaufhörlich.

They chirp incessantly.

Ist eine Reihe von ihnen beisammen,

When a row of them is together,

so geht das Zwitschern von rechts nach links und wieder zurück und auf und ab.

the chirping goes from right to left and back again and up and down.

Und so heben sie uns zwitschernd in den Wagen, man hat kaum Zeit, allen zuzunicken.

And so they lift us into the carriage, chirping away, and you barely have time to nod at them all.

Der Herr auf dem Kutschbock rückt seinen Zwicker zurecht,

The gentleman on the coachman's seat adjusts his pince-nez,

schwingt die Peitsche und wir fahren.

swings his whip and off we go.

Alle winken zum Abschied dem Dorfe zu,

Everyone waves goodbye to the village,

so als ob wir noch dort wären und nicht mitten unter ihnen säßen.

as if we were still there and not sitting among them.

Aus der Stadt kommen einige Wagen mit besonders Ungeduldigen uns entgegen.

A few wagons with particularly impatient people come towards us from the town.

5.40 Wie wir uns nähern, stehen sie von ihren Sitzen auf und strecken sich, um uns zu sehen.

As we approach, they get up from their seats and stretch out to see us.

5.41 Der, welcher Geld gesammelt hat, ordnet alles und ermahnt zur Ruhe.

The man who has collected the money orders everything and urges them to be quiet.

5.42 Es ist schon eine große Wagenreihe, wie wir in der Stadt einfahren.

There is already a large line of wagons as we enter the town.

5.43 Wir haben geglaubt, daß die Begrüßung schon vorüber ist, aber nun vor dem Gasthof beginnt sie erst.

We had thought that the welcome was already over, but now it was just beginning in front of the inn.

5.44 In der Stadt sammeln sich eben auf einen Aufruf gleich sehr viele Leute an.

A lot of people gather in the town at a single call.

5.45 Worum sich der eine kümmert,

What one person takes care of,

5.46 kümmert sich gleich auch der andere.

another takes care of.

5.47 Sie nehmen einander mit ihrem Atem die Meinungen weg und eignen sich sie an.

They take each other's opinions with their breath and appropriate them.

Nicht alle diese Leute können mit dem Wagen fahren, 5.48
sie warten vor dem Gasthof, andere könnten zwar
fahren, aber sie tun es aus Selbstbewußtsein nicht.
Not all of these people can drive the car, they wait in front
of the inn, others could drive, but they don't do it out of
self-consciousness.

Auch diese warten. 5.49
They also wait.

Es ist unbegreiflich, wie der, welcher Geld gesammelt 5.50
hat, den Überblick über alles behält. ‹«
It is incomprehensible how he who has collected money
keeps track of everything."

Ich hatte ihm ruhig zugehört; ja, 6.1
I had listened to him calmly; indeed,

ich war während der Rede immer ruhiger geworden. 6.2
I had become calmer and calmer during the speech.

Auf dem Tisch hatte ich alle Exemplare meiner 6.3
Schrift, so viele ich ihrer noch besaß, aufgehäuft.
I had piled up all the copies of my writing, as many as I still
had, on the table.

Es fehlten nur sehr wenige, 6.4
Only very few were missing,

denn ich hatte in der letzten Zeit durch ein 6.5
Rundschreiben alle ausgeschickten Exemplare
zurückgefordert und hatte auch die meisten
erhalten.
because I had recently sent out a circular requesting the
return of all the copies I had sent out and had received most
of them.

6.6 Von vielen Seiten war mir übrigens sehr höflich geschrieben worden, daß man sich gar nicht erinnere, eine solche Schrift erhalten zu haben und daß man sie, wenn sie etwa doch gekommen sein sollte, bedauerlicherweise verloren haben müsse.

Incidentally, many people had written to me very politely to say that they had no recollection of having received such a document and that if it had come, it must have been regrettably lost.

6.7 Auch so war es richtig, ich wollte im Grunde nichts anderes.

That was also correct, I basically wanted nothing else.

6.8 Nur einer bat mich, die Schrift als Kuriosum behalten zu dürfen, und verpflichtete sich, sie im Sinne meines Rundschreibens während der nächsten zwanzig Jahre niemandem zu zeigen.

Only one of them asked me to keep the document as a curiosity and undertook not to show it to anyone for the next twenty years in accordance with my circular.

6.9 Dieses Rundschreiben hatte der Dorfschullehrer noch gar nicht gesehen.

The village schoolteacher had not even seen this circular.

6.10 Ich freute mich, daß seine Worte es mir leicht machten, es ihm zu zeigen.

I was pleased that his words made it easy for me to show it to him.

6.11 Ich konnte dies aber auch sonst ohne Sorge tun, weil ich bei der Abfassung sehr vorsichtig vorgegangen war und das Interesse des Dorfschullehrers und seiner Sache niemals außer acht gelassen hatte.

I could also do this without worry because I had been very careful in writing it and had never disregarded the interests of the village schoolteacher and his cause.

Die Hauptsätze des Schreibens lauteten nämlich: 6.12
The main sentences of the letter were as follows:

»Ich bitte nicht deshalb um Rückgabe der Schrift, 6.13
weil ich etwa von den in der Schrift vertretenen
Meinungen abgekommen bin oder sie vielleicht
in einzelnen Teilen als irrig oder auch nur als
unbeweisbar ansehen würde.
"I am not asking for the return of the writing because I
have departed from the opinions expressed in the writing
or perhaps because I consider individual parts of it to be
erroneous or even simply unprovable.

Meine Bitte hat lediglich persönliche, 6.14
My request has merely personal,

allerdings sehr zwingende Gründe; 6.15
albeit very compelling reasons;

auf meine Stellung zur Sache läßt sie jedoch nicht die 6.16
allergeringsten Rückschlüsse zu.
however, it does not allow the slightest conclusion to be
drawn about my position on the matter.

Ich bitte dies besonders zu beachten, und wenn es 6.17
behebt, auch zu verbreiten.«
I would ask you to pay particular attention to this and, if it
can be remedied, to spread the word."

Vorläufig hielt ich dieses Rundschreiben noch mit 7.1
den Händen verdeckt und sagte:
For the time being, I covered this circular with my hands
and said:

7.2 »Wollt Ihr mir Vorwürfe machen, weil es nicht so gekommen ist?

"Do you want to reproach me because it didn't turn out that way?

7.3 Warum wollt Ihr das tun?

Why do you want to do that?

7.4 Verbittern wir uns doch nicht das Auseinandergehen.

Let's not make our parting bitter.

7.5 Und versucht endlich einzusehen, daß Ihr zwar eine Entdeckung gemacht habt, daß aber diese Entdeckung nicht etwa alles andere überragt und daß infolgedessen auch das Unrecht, das Euch geschieht, nicht ein alles andere überragendes Unrecht ist.

And finally try to realize that you have made a discovery, but that this discovery does not outweigh everything else and that consequently the injustice done to you is not an injustice that outweighs everything else.

7.6 Ich kenne nicht die Satzungen der gelehrten Gesellschaften, aber ich glaube nicht, daß Euch selbst im günstigsten Falle ein Empfang bereitet worden wäre, der nur annähernd an jenen herangereicht hätte, wie Ihr ihn vielleicht Eurer armen Frau beschrieben habt.

I do not know the statutes of learned societies, but I do not believe that, even in the most favorable case, you would have received a reception even approaching that which you may have described to your poor wife.

Wenn ich selbst etwas von der Wirkung der Schrift   7.7
erhoffte, so glaubte ich, daß vielleicht ein Professor
auf unseren Fall aufmerksam gemacht werden
könnte, daß er irgendeinen jungen Studenten
beauftragen würde, der Sache nachzugehen, daß
dieser Student zu Euch gefahren und dort Eure und
meine Untersuchungen nochmals in seiner Weise
überprüfen würde, und daß er schließlich, wenn ihm
das Ergebnis erwähnenswert schiene –

If I myself hoped for something from the effect of the
writing, I believed that perhaps a professor might be made
aware of our case, that he would commission some young
student to investigate the matter, that this student would
go to you and there examine your and my investigations
again in his own way, and that finally, if the result seemed
to him worth mentioning –

hier ist festzuhalten, daß alle jungen Studenten voll   7.8
Zweifel sind –,

it should be noted here that all young students are full of
doubt –

daß er dann eine eigene Schrift herausgeben   7.9
würde, in welcher das, was Ihr geschrieben habt,
wissenschaftlich begründet wäre.

that he would then publish a paper of his own in
which what you have written would be scientifically
substantiated.

Jedoch selbst dann, wenn sich diese Hoffnung erfüllt   7.10
hätte, wäre noch nicht viel erreicht gewesen.

However, even if this hope had been fulfilled, not much
would have been achieved.

7.11 Die Schrift des Studenten, die einen so sonderbaren Fall verteidigt hätte, wäre vielleicht lächerlich gemacht worden.

The student's writing, which would have defended such a strange case, might have been ridiculed.

7.12 Ihr seht hier an dem Beispiel der landwirtschaftlichen Zeitschrift, wie leicht das geschehen kann, und wissenschaftliche Zeitschriften sind in dieser Hinsicht noch rücksichtsloser.

You can see from the example of the agricultural journal how easily this can happen, and scientific journals are even more ruthless in this respect.

7.13 Es ist auch verständlich, die Professoren tragen viel Verantwortung vor sich, vor der Wissenschaft, vor der Nachwelt, sie können sich nicht jeder neuen Entdeckung gleich an die Brust werfen.

It is also understandable, the professors have a lot of responsibility to themselves, to science, to posterity, they cannot immediately throw themselves on the chest of every new discovery.

7.14 Wir andern sind ihnen gegenüber darin im Vorteil.

The rest of us have an advantage over them.

7.15 Aber ich sehe von dem ab und will jetzt annehmen, daß die Schrift des Studenten sich durchgesetzt hätte.

But I'll leave that aside and assume that the student's writing would have prevailed.

7.16 Was wäre dann geschehen?

What would have happened then?

Euer Name wäre wohl einigemal in Ehren genannt
worden, er hätte wahrscheinlich auch Eurem Stand
genützt, man hätte gesagt:

7.17

Your name would probably have been mentioned a few
times in honor, it would probably have benefited your
profession, people would have said:

›Unsere Dorfschullehrer haben offene Augen‹,
und die Zeitschrift hier hätte, wenn Zeitschriften
Gedächtnis und Gewissen hätten, Euch öffentlich
abbitten müssen, es hätte sich dann auch ein
wohlwollender Professor gefunden, um ein
Stipendium für Euch zu erwirken, es ist auch
wirklich möglich, daß man versucht hätte, Euch
in die Stadt zu ziehen, Euch eine Stelle an einer
städtischen Volksschule zu verschaffen und Euch
so Gelegenheit zu geben, die wissenschaftlichen
Hilfsmittel, welche die Stadt bietet, für Eure weitere
Ausbildung zu verwerten.

7.18

'Our village schoolteachers have open eyes', and the
journal here, if journals had memory and conscience,
would have had to publicly beg you off, a benevolent
professor would then have been found to obtain a
scholarship for you, it is also really possible that an attempt
would have been made to move you to the city, to get you
a position at a municipal elementary school and thus give
you the opportunity to use the scientific aids that the city
offers for your further education.

Wenn ich aber offen sein soll, so muß ich sagen, ich
glaube, man hätte es nur versucht.

7.19

But if I am to be frank, I have to say that I think they would
only have tried.

7.20 Man hätte Euch hierher berufen, Ihr wäret auch gekommen, und zwar als gewöhnlicher Bittsteller, wie es Hunderte gibt, ohne allen festlichen Empfang, man hätte mit Euch gesprochen, hätte Euer ehrliches Streben anerkannt, hätte aber doch auch gleichzeitig gesehen, daß Ihr ein alter Mann seid, daß in diesem Alter der Beginn eines wissenschaftlichen Studiums aussichtslos ist und daß Ihr vor allem mehr zufällig als planmäßig zu Eurer Entdeckung gelangt seid und über diesen Einzelfall hinaus nicht einmal weiter zu arbeiten beabsichtigt.

You would have been summoned here, you would have come as an ordinary petitioner, as there are hundreds, without any festive reception, you would have been spoken to, your honest endeavors would have been acknowledged, but at the same time you would have seen that you are an old man, that at this age the beginning of scientific studies is hopeless and that above all you arrived at your discovery more by chance than by plan and that you do not even intend to continue working beyond this individual case.

7.21 Man hätte Euch aus diesen Gründen wohl im Dorf gelassen.

For these reasons you would probably have been left in the village.

7.22 Eure Entdeckung allerdings wäre weitergeführt worden, denn so klein ist sie nicht, daß sie, einmal zur Anerkennung gekommen, jemals vergessen werden könnte.

However, your discovery would have been continued, because it is not so small that it could ever be forgotten once it had been recognized.

Aber Ihr hättet nicht mehr viel von ihr erfahren, und was Ihr erfahren hättet, hättet Ihr kaum verstanden. 7.23

But you would not have learned much more about it, and what you would have learned you would hardly have understood.

Jede Entdeckung wird gleich in die Gesamtheit der Wissenschaften geleitet und hört damit gewissermaßen auf, Entdeckung zu sein, sie geht im Ganzen auf und verschwindet, man muß schon einen wissenschaftlich geschulten Blick haben, um sie dann noch zu erkennen. 7.24

Every discovery is at once channelled into the totality of the sciences and thus in a sense ceases to be a discovery, it merges into the whole and disappears; you have to have a scientifically trained eye to recognize it.

Sie wird gleich an Leitsätze geknüpft, von deren Dasein wir noch gar nicht gehört haben, und im wissenschaftlichen Streit wird sie an diesen Leitsätzen bis in die Wolken hinaufgerissen. 7.25

It is immediately linked to guiding principles whose existence we have not even heard of, and in the scientific dispute it is dragged up into the clouds by these guiding principles.

Wie wollen wir das begreifen? 7.26

How do we want to understand this?

7.27 Wenn wir gelehrten Diskussionen zuhören, glauben
wir zum Beispiel, es handle sich um die Entdeckung,
aber unterdessen handelt es sich um ganz andere
Dinge, und ein nächstes Mal glauben wir, es handle
sich um anderes, nicht um die Entdeckung, nun
handelt es sich aber gerade um sie.

When we listen to scholarly discussions, for example, we
believe it is about discovery, but in the meantime it is about
completely different things, and the next time we believe it
is about something else, not about discovery, but now it is
about it.

8.1 Versteht Ihr das?

Do you understand that?

8.2 Ihr wäret im Dorf geblieben, hättet mit dem
erhaltenen Geld Euere Familie ein wenig besser
ernähren und kleiden dürfen, aber Eure Entdeckung
wäre Euch entzogen gewesen, ohne daß Ihr Euch
mit irgendwelcher Berechtigung dagegen hättet
wehren können, denn erst in der Stadt kam sie zu
ihrer wirklichen Geltung.

You would have stayed in the village, you would have been
able to feed and clothe your family a little better with the
money you received, but your discovery would have been
taken away from you without you being able to defend
yourself against it with any justification, because it only
really came into its own in the town.

Und man wäre vielleicht gegen Euch gar nicht   8.3
undankbar gewesen, man hätte etwa über der
Stelle, wo die Entdeckung gemacht worden ist,
ein kleines Museum bauen lassen, es wäre eine
Sehenswürdigkeit des Dorfes geworden, Ihr
wäret der Schlüsselbewahrer gewesen und, um
es auch an äußeren Ehrenzeichen nicht fehlen zu
lassen, hätte man Euch eine kleine, an der Brust zu
tragende Medaille verliehen, wie sie die Diener der
wissenschaftlichen Institute zu tragen pflegen.
And perhaps one would not have been ungrateful to you
at all, one would have had a small museum built over the
place where the discovery was made, it would have become
a sight of the village, you would have been the keeper of
the keys and, in order not to lack external signs of honor,
you would have been awarded a small medal to be worn on
the chest, as the servants of the scientific institutes used to
wear.

Das alles wäre möglich gewesen; war es aber das,   8.4
All this would have been possible,

was Ihr wolltet?«   8.5
but was it what you wanted?"

Ohne sich mit einer Antwort aufzuhalten,   9.1
Without pausing for an answer,

wandte er ganz richtig ein: 9.2
he correctly objected:

»Und das suchtet Ihr also für mich zu erreichen?«   9.3
"And that's what you were trying to achieve for me?"

»Vielleicht«, sagte ich,   10.1
"Perhaps", I said,

10.2 »ich habe damals nicht so sehr aus Überlegungen gehandelt, als daß ich Euch jetzt bestimmt antworten könnte.

"I did not act so much out of reflection then as to be able to answer you now with certainty.

10.3 Ich wollte Euch helfen, es ist aber mißlungen und ist sogar das Mißlungenste, was ich jemals getan habe.

I wanted to help you, but I failed, and it is the most unsuccessful thing I have ever done.

10.4 Darum will ich jetzt davon zurücktreten und es ungeschehen machen,

That's why I want to step back now and undo it,

10.5 soweit meine Kräfte reichen.«

as far as my strength allows."

11.1 »Nun gut«, sagte der Dorfschullehrer, nahm seine Pfeife heraus und begann, sie mit dem Tabak zu stopfen, den er lose in allen Taschen mit sich trug.

"Very well", said the village schoolteacher, took out his pipe and began to fill it with the tobacco he carried loosely in all his pockets.

11.2 »Ihr habt Euch freiwillig der undankbaren Sache angenommen und tretet jetzt auch freiwillig zurück.

"You have voluntarily taken up the ungrateful cause and are now resigning voluntarily.

11.3 Es ist alles ganz richtig!«

It's all quite right!"

11.4 »Ich bin nicht starrköpfig«, sagte ich.

"I'm not stubborn", I said.

»Findet Ihr an meinem Vorschlag vielleicht etwas
auszusetzen?«

"Do you find anything wrong with my proposal?"

»Nein, gar nichts«, sagte der Dorfschullehrer, und
seine Pfeife dampfte schon.

"No, nothing at all", said the village schoolteacher, his pipe
already steaming.

Ich vertrug den Geruch seines Tabaks nicht und
stand deshalb auf und ging im Zimmer herum.

I couldn't stand the smell of his tobacco, so I got up and
walked around the room.

Ich war es schon von früheren Besprechungen her
gewöhnt, daß der Dorfschullehrer mir gegenüber
sehr schweigsam war und sich doch, wenn er
einmal gekommen war, aus meinem Zimmer nicht
fortrühren wollte.

I was used to it from previous meetings that the village
schoolteacher was very taciturn towards me and yet, once
he had come, would not move from my room.

Es hatte mich schon manchmal sehr befremdet;

I was sometimes very disconcerted;

er will noch etwas von mir, hatte ich dann immer
gedacht und ihm Geld angeboten, das er auch
regelmäßig annahm.

he still wanted something from me, I always thought, and
offered him money, which he regularly accepted.

Aber weggegangen war er immer erst dann, wenn es
ihm beliebte.

But he only ever left when it suited him.

11.12 Gewöhnlich war dann die Pfeife ausgeraucht, er schwenkte sich um den Sessel herum, den er ordentlich und respektvoll an den Tisch rückte, griff nach seinem Knotenstock in der Erde, drückte mir eifrig die Hand und ging.

Usually his pipe was then smoked out, he swiveled around the armchair, which he moved neatly and respectfully to the table, reached for his knotted stick in the ground, eagerly shook my hand and left.

11.13 Heute aber war mir sein schweigsames Dasitzen geradezu lästig.

Today, however, I found his sitting there in silence downright annoying.

11.14 Wenn man einmal jemandem den endgültigen Abschied anbietet, wie ich es getan hatte, und dies vom andern als ganz richtig betrachtet wird, dann führt man doch das wenige noch gemeinsam zu Erledigende möglichst schnell zu Ende und bürdet dem anderen nicht zwecklos seine stumme Gegenwart auf.

Once you offer someone your final farewell, as I had done, and the other person sees this as quite right, then you finish the few things you have to do together as quickly as possible and don't burden the other person with your silent presence for no purpose.

11.15 Wenn man den kleinen zähen Alten von rückwärts ansah, wie er an meinem Tische saß, konnte man glauben, es werde überhaupt nicht möglich sein, ihn aus dem Zimmer hinauszubefördern. —

Looking at the tough little old man from behind as he sat at my table, one might have thought it would be impossible to get him out of the room. —

Möwenstein Books

www.mowenstein.com

Renowned Authors

H. G. Wells   •   Ernest Hemingway
H. P. Lovecraft   •   Lewis Carroll
Franz Kafka   •   Friedrich Nietzsche
Albert Einstein   •   Oscar Wilde
Hans Christian Andersen

Notable Works

Frankenstein   •   *Alice in Wonderland*
Heart of Darkness   •   *The Great Gatsby*
Siddhartha   •   *The Metamorphosis*
Thus Spoke Zarathustra

Translation Services

We offer translation services in various languages, including German, Spanish, Chinese, Korean, Arabic, and more. For custom translations or revisions, please contact us at:

Email: translation@mowenstein.com

Our Collections

Franz Kafka Collection

- *The Metamorphosis / Die Verwandlung*
- *The Trial / Der Prozess*
- *The Castle / Das Schloss*
- *and many more…*

Pakt mit dem Teufel

- *Faust Parts I & II* by Johann Wolfgang von Goethe
- *Doctor Faustus* by Christopher Marlowe

Portraits of Irishmen

- *The Picture of Dorian Gray* by Oscar Wilde
- *A Portrait of the Artist as a Young Man* by James Joyce

Children's Classics

- *Winnie-the-Pooh / Pu der Bär*
- *Brothers Grimm Fairy Tales*
- *Fairy Tales Told for Children*
    - Author: Hans Christian Andersen

Visit Us

At Möwenstein Books, we are committed to providing high-quality bilingual editions of classic works. Explore our collections and discover more titles across various genres and languages.

Website: www.mowenstein.com

www.ingramcontent.com/pod-product-compliance
Lightning Source LLC
Chambersburg PA
CBHW030409130626
46549CB00004B/1694